임팩트 공부법

• 어떤 시험이든 최단기로 끝내는 합격 노하우! •

임팩트 공부법

박선영 지음

북카라반
CARAVAN

방법보다 마음가짐이 먼저다

누구에게나 잊을 수 없는 절망적인 순간이 있었을 것이다. 나도 절망에 빠졌던 적이 있다. 그중 가장 큰 것은 3년 동안 준비한 시험에 결국 불합격한 일이었다. 받아들이기가 힘들었고, 아무 것도 할 수 없었다. 이제 뭘 해야 하지? 내가 다른 걸 하면 해낼 수 있을까? 나는 이 정도밖에 안 되나? 삶에 대한 근본적인 의문이 들었고, 도저히 헤어날 수 없을 것만 같았다.

가채점을 해본 결과 확실히 떨어진 것도 아니고 그렇다고 확실히 합격하는 것도 아닌 애매한 점수였다. 그래서 난 2차 준비를 하는 대신 아무것도 하지 않았다. 아니 하지 못했다. 한 달 뒤 점수가 나왔을 때 실제로 3문제 차이로 떨어졌다는 사실을 확인했다. 아쉽다면 아쉽고 당연하다면 당연한 불합격이었다. 이미 불합격할 거라 예상하고 아무것도 시도하지 않았지만, 막상 그 사실을 알게 되니 더욱 심란해졌다. '혹시나' 하던 기대가 '역시나' 하는 좌절로 바뀔 때의 그 절망감은 경험해본 사람만이 이해할 수 있을 것이다.

점수를 기다리는 동안 혼자 여행을 다녀왔다. '내일로'를 이용한 철도여행이었다. 별다른 계획 없이 여기저기 다니며 마음을 정리했다. 그리고 모든 취업 준비의 기본이 된다는 영어 공부를 하자고 마음먹고 돌아왔다. 하지만 사람이란 참 복잡한 존재라 어떻게 해야 하는지 아는데도 몸이 좀처럼 움직이지 않았다. 그리고 최종 불합격 통보를 받고 나서도 또다시 한 달간 하릴없이 시간을 보냈다. 나는 인생의 절벽에서 하루하루 빈둥대며 말 그대로 '시간을 죽이고' 있었다.

그러다 하루는 주변을 산책하러 나섰다. 때는 4월이라 한창 벚꽃이 만개한 날이었다. 그 화창한 하늘 아래서 나는 나에게 물었다. '대체 넌 지금 뭘 하고 있지?' 나는 아무것도 할 수 없다고 자조하며 정말 아무것도 하지 않고 있었다. '넌 쓸모없는 존재야? 진짜 아무것도 할 수 없는 사람이야? 그래서 이젠 아무것도 도전하지 않을 거야?' 그러자 내 안에서 '아니'라는 대답이 들려왔다. 그것이 시작이었다. 그리고 나는 다시 일어섰다.

＊＊＊

그렇게 공부를 다시 시작하면서 이전과는 다른 마음가짐이 필요하다고 생각했다. 그동안 공부한 시간이 내겐 불행한 순간이었기 때문이다. 그 불행을 다시 거듭하고 싶지 않았다. 그래서 어떻게 하면 그때처럼 불행해지지 않으면서 공부를 할 수 있을까 고민해보았다. 그 뒤에 내린 결정이 바로 이 책에서 강조하는 '공부에 대한 긍정적인 마음 상태'다. 그렇게 공부를 '싫어하지 않기로' 결심하고, 매일 나에게 주문을 걸 듯 공부에 대한 마음을 바꿔나가기 위해 노력했다. 그렇게 하루하루 '임팩트' 있게 보낸 끝에 나는 5개월 만에 약 200:1의 경쟁률을 뚫고 지방직 일반행정 7급 공무원 시험에 합격했다.

시험공부를 하면서 터득한 '임팩트 공부법'은 내가 시험에 합격한 뒤에도 여러 분야에 응용할 수 있었다. 공무원이 되어서도 나는 이 방법을 통해 취미나 업무에 관련된 다양한 목표를 짧은 시간 내에 성취하고 있다. 그럼 이제부터 이 '임팩트 공부법'에 대해 자세하게 이야기해보겠다. 누가 어떤 공부를 하든 꼭 짚고 넘어가야 할 일반적인 공부 방법을 먼저 소개하고, 이어서 독자들의 신분이나 상황에 맞게 활용할 수 있는 구체적인 공부법을 제시하겠다.

습관처럼 '나는 할 수 없다'고 말하는 사람들의 마음속에는 '나는 잘해야 한다'는 강박관념이 있다. 이런 사람들에게 말해주고 싶다. 어깨에 힘을 빼자. 당신은 그냥 존재 그 자체로 이미 성공한 사람이다. 그러니 아무 조건 없이 나를 믿자. '나'라는 존재를 내가 믿어주지 못하면 아무도 당신을 믿지 못한다. 부모님이 자녀를 사랑하듯이 아무 조건 없이 자신을 믿고 사랑해주어라. 바로 그 순간 '임팩트' 있는 시간이 시작될 것이다.

제1장

마음가짐

나는 공부하는 기계가 아니다

싫어하는 사람을 평생 봐야 한다면?

공부할 마음이 들어 이 책을 집었는데 갑자기 '싫어하는 상대'라니? 책을 잘못 잡은 것이 아닌가 싶을 것이다. 공부에 대한 딱딱한 이야기보다 그냥 한번 쉽게 생각해보자. 말 그대로 이 질문에 대답을 한번 해보자. 누구나 적어도 한 명쯤은 싫어하는 사람이 있을 것이다. 그런 사람을 평생 마주해야 한다면 어떤 감정이 들겠는가? 당연히 싫을 것이다.

싫어하는 상대는 특별한 사건이 발생하지 않는 이상 계속 싫어하는 상태로 머물거나 어쩌면 더 싫어하게 될 수도 있다. 좋고 싫고는 사람의 기본적인 마음이니 이것을 '옳다', '그르다'로 생각하지 않길 바란다. 사람들이 모든 것을 마냥 다 좋아할 수는 없다. 어떤 이유에서건 어떤 것이 싫어진다면 이것을 좋아하는 감정으로 되돌리기가 매우 힘들다. 이미 나에게 고정관념이 생겨버렸기 때문에 이와 관련된 정보가 들어오면 내가 가진 감정을 강화하는 쪽으로만 마음이 작동한다.

이를 심리학 용어로 '확증편향'이라 한다. 자신의 신념과 일치하는 정보는 받아들이고 신념과 일치하지 않는 정보는 무시하는 경향을 말한다. 간단하게 말하면, 사람들은 자기가 보고 싶은 것만 보고, 듣고 싶은 것만 들으려 하는 경향이 있다는 말이다. 이렇게 행동하면 마음이 편하다. 그러니 이미 싫어하는 감정이 생기면 그 사람에 대해 좋은 점을 느껴도 그 마음은 이내 부정해버리고, 안 좋은 점이 보이면 역시 저 사람은 내가 싫어할 만하다고 느끼며 그 감정을 더욱 강화해나갈 것이다. 그래서 이 사람을 다시 생각해볼 여지를 줄 만큼 특별한 사건이 발생하지 않는 이상 보통 그 싫어하는 감정을 그대로 유지하려 한다.

이제 이 싫어하는 사람을 계속 만나야 한다고 생각해보자. 때때로 외면할 수도 있고, 모르는 척 무시할 수도 있지만 어쨌든 싫어하는 사람을 볼 때마다 감정은 소모된다. 나는 싫어하는 감정이 나올 상황을 최대한 피하려 하는 편이다. 하지만 피하려 노력하는 그 자체로도 이미 내 에너지는 불필요한 곳에 쓰이고 있다.

＊＊＊

왜 계속 무언가를 싫어하는 이야기가 나오는지 궁금할 것이다. 이제 이 '사람'을 '공부'로 바꿔보자. 사람들은 공부를 싫어한다고 이야기한다. 학창 시절이든 지금이든 공부를 좋아하냐고 물으면 좀 격하게 표현해서 '미쳤냐?'고 반문할 것이다. 공부를 좋아하는 소수의 사람도 있음을 부정하지 않는다. 하지만 성적이 아무리 우수한 학생이라도 공부를 좋아하냐는 물음에 바로 '그렇다'고 답하기엔 어려움이 있을 것이다. 묻는 사람의 의도를 생각할 수도 있고, 싫어하진 않지만 그렇다고 좋아한다고 답할 수 있을지 고민스러울 것이다. 결코 대답하기가 쉽지 않은 질문이다.

이런 공부는 피하려 한다고 해서 피할 수 있는 것이 아니라는 게 더 큰 문제다. 어떻게든 피하려 애쓰면 피할 수도 있겠지만, 우리 대부분 태어난 순간부터 공부를 해야 한다. 학창 시절은 물론 직장 생활을 하면서도 끊임없이 공부해야 한다. 아마도 죽을 때까지 공부해야 할 것이다. 지금은 더욱 그렇다. 한 번 배운 지식으로 평생을 살아갈 수 없는 시대다. 날마다 새로운 용어는 쏟아져 나오고 어떤 일에 종사하고 있건 한 치 앞을 예측할 수 없다. 불확실성만이 확실한 시대에 살아가고 있는 이상 자기가 하고 싶은 일을 하면서 성공하기 위해서는 공부를 결코 피할 수 없다. 그런데 문제는 그 상대를 계속 싫어하고 있으면 정말 그 시간이 고역이 될 수밖에 없다는 것이다.

싫어하는 상대와 온종일 붙어 있어야 한다면 어떻겠는가? 공부를 업(業)으로 삼는 학생들과 수험생들은 정말 온종일 공부와 함께해야 한다. 아무리 의지가 강해도 싫어한다는 마음을 갖고 공부해나가면 당연히 지쳐 떨어져나갈 수밖에 없다. 동기부여를 위한 결심과 의지만으로 평생 공부를 해나가기엔 너무나 힘들다. 싫어하는 것을 계속해야 한다고 말하는 것은 나에게 너무 가혹한 처사다. 피할 수 없으면 즐기라는 식상한 말은 하고 싶지 않지만 내가 하고 싶은 말을 달리 표현할 길이 없다. 지금을 즐기지 못한다면 대체 언제 즐거움을 느끼기 위해 지금을 살아가고 있는 걸까?

당신이 싫어하는 그 사람도
당신을 싫어한다

사람들은 보통 싫어하는 사람이 있으면 '내가 저 사람을 싫어한다'는 그 감정에만 집중한다. 하지만 내가 싫어하는 사람이라 해도 그 사람이 나를 싫어한다고 생각하면 그건 또 불쾌하게 생각한다. 나는 저 사람을 싫어하지만 저 사람은 나를 싫어하면 안 된다니?! 자신을 싫어하는 것을 아는 상대방이 당신에게 좋은 감정을 가질 수 있을까? 매우 어렵다. 직장에서 내가 싫어하는 상사나 동료가 나를 싫어한다는 것을 알게 되었다고 하자. 학교에서도 마찬가지다. 내가 싫어하는 친구가 나를 싫어한다는 것을 알게 되었다고 하자. 그러면 감정적으로 불쾌할 수는 있지만 이성적으로는 당연하게 받아들여야 한다. 내가 싫어하는 사람이 나를 좋아하길 바라는 것은 감정적으로 이해는 가지만 이성적으로는 그저 자기만의 욕심일 뿐이다.

이런 불쾌한 상황을 벗어나기 위한 해결책이 있을까? 싫어하는 그 사람을 좋아하는 것이 상책이고, 적어도 그 사람에 대한 별다른 감정을 갖지 않는 것은 중책이며, 그 사람을 피하는 것은 하책이라 생각한다. 하책이긴 하지만 어쨌든 사람은 피할 수 있다 치자. 그러나 웬만해서 공부는 피하기 어렵다. 내가 하고 싶은 일이 무엇이건 어떠한 공부든 수반되기 마련이다.

공부는 내가 공부를 좋아하든 싫어하든 상관하지 않는다. 공부가 필요한 사람은 나다. 목마른 사람이 우물을 판다고 내가 공부에게 먼저 다가가야만 한다. 그러나 싫어하는 마음을 억지로 숨기며 다가간다면 공부 역시 눈치를 채고 마음을 열지 않는다.

공부와 친해지기 위해서는 우선 내 마음부터 바꿔야 한다. 당장 공부를 좋아하라는 것은 결코 아니다. 사실 그럴 수도 없다. 다만 공부를 싫어하는 그 마음부터 찬찬히 들여다보아야 한다. 그 마음을 보기 전에 나도 공부에 다가가고 공부도 나에게 다가오도록 하기 위해서는 먼저 '내 마음을 바꿀 필요가 있겠구나'라고 인식을 전환해보는 것이 중요하다.

그렇다고 하루아침에 당장 싫어하는 것을 '좋아해'라고 우긴다고 될 일이 아니다. 계속 공부를 싫어하지 말라고 말하는 것

＊＊＊

에 대해서도 불쾌하다거나 불가능하다고 생각하는 사람들도 있을 것이다. 충분히 이해한다. 나 역시 공부가 너무 싫었다. 그런데 자세히 살펴보니 공부 그 자체가 싫은 것보다는 주변 상황들이 공부를 싫어하게 만든 것이 대부분이었다. 이와 관련된 이야기는 뒤에 자세히 나눌 것이다.

그저 지금은 나는 공부를 싫어하고 있지만 이것은 결코 내게 좋은 것이 아니고 더욱 공부를 못하게 막는 대표적인 장애물이라는 것을 알고 그 마음을 한번 바꿔보자고 생각하길 바란다.

하고 싶다고
생각하도록 만들자

사람들은 공부를 하면서 마땅히 해야 하는 것이라는 '당위성'에 집착한다. 나 역시 그랬다. 하지만 이러한 당위성만으로는 내가 바라는 목표에 도달하기 위한 그 길은 고행의 길이 될 수밖에 없었다. '고진감래(苦盡甘來)'를 떠올리며 쓴 고통을 인내하는 것은 결코 쉬운 길이 아니다.

마시멜로 실험을 들어본 적이 있는가? 미국 심리학자 월터 미셸은 4~6세 어린이들을 마시멜로 하나가 놓인 방에 혼자 두었다. 선생님은 아이들에게 마시멜로 한 개가 있는 접시와 두 개가 있는 접시를 보여주면서 "여기 마시멜로가 하나 있어. 바로 먹어도 되지만, 내가 나갔다가 돌아올 때까지 먹지 않고 있으면

* ✳ *

두 개를 먹을 수 있어"라고 말한다. 그리고 마시멜로 한 개가 있는 접시를 두고 나간 후 15분 뒤에 들어왔는데, 어떤 아이는 선생님이 나가자마자 먹었고, 어떤 아이는 선생님이 돌아올 때까지 참았다.

이후 월터 미셸은 1970년 실험에 참여한 학생들의 학업 성적을 실험 결과와 비교해보았는데 그 결과 마시멜로를 하나 더 얻기 위해 자제력을 보여주었던 아이들의 성적이 더 좋았고, 대인관계도 더욱 원활했다고 한다. 뿐만 아니라 자제력을 보여주었던 아이들은 대체로 더 건강하게 살고 돈도 더 많이 버는 경향이 있었다는 결과까지 나타났다.

이 실험에 대해 여러 해석이 있지만, 나는 만일 이러한 자제력이 학업성취도에 미치는 영향이 그렇게 크다면 애초에 인내력이 적은 사람들은 그들보다 항상 밑에 있을 수밖에 없다는 운명론적인 결론이 아닌가 싶은 생각이 들었다. 타고난 자제력이 있는 것은 좋은 일이지만, 자제력이 부족하다고 해서 공부를 포기해야 하는가? 자제력이 부족해도 공부를 좋아하는 마음으로 시작하면 학업성취도를 높일 수 있다.

아무리 내가 이루고 싶은 목표를 매일 떠올려도 얼마 지나지 않으면 내겐 너무 큰 목표였다고 생각하며 그 목표를 버리거나, 너무 멀리 있으니까 오늘은 하루 쉬자는 핑곗거리를 만들어 해이해지기 쉽다. 목표를 확실히 설정하는 것은 당연히 중요하지만 그 목표를 이루어야만 한다는 당위성은 사람을 이내 지치게 만든다. 그리고 '난 역시 할 수 없는 사람이야'라고 자기비하하며 다음에는 시도조차 하지 않으려 할지도 모른다.

또 떨어지면 어떡하나 하는 불안한 생각이 들 때, 합격하면 무얼 할까 생각하며 힘을 얻으라는 조언도 보았다. 하지만 이 역시 공부를 해나가는 데 큰 힘을 주진 못한다. 자기가 부정적인 상황에 있다고 생각하는 사람이 당장 효용이 느껴지지 않는 일을 떠올리려 노력하는 것은 오히려 현실과의 괴리감으로 나를 더 지치게 할 수 있다. 차라리 공부 그 자체에 대한 거부감을 없애고 나아가 좋아하는 마음을 갖도록 만든다면 자제력이 없는 사람들도 계속 공부를 지속할 수 있다.

좋아하는 마음은 효율성을 최고로 높인다

대체 어떻게 공부를 좋아할 수가 있느냐고, 그럼 이런 책을 왜 찾아보겠냐고 말할 사람들이 있을 것이다. 어쩌면 지금 이 책을 읽는 여러분도 그렇게 생각할지 모르겠다. 그래서 나는 공부를 좋아할 수 있는 방법을 알려주고자 한다. 그 방법을 알려줄 수

* ⁂ *

있는 것은 나도 공부를 싫어했기 때문이다. 나 역시 공부를 좋아하는 건 정말 일부 공부에 재능을 타고난 소수에게만 통용되는 이야기라고 생각했지만, 생각을 바꾸자고 마음먹고 생각을 행동으로 옮기자 성공적인 결과를 얻을 수 있었다. 여러분에게도 일어날 일이다.

사람들이 공부를 시작할 때 효율을 따지는 것은 결국 공부를 하고 싶지 않기 때문에 공부를 가장 빨리 피할 방법을 찾기 위함이다. 하지만 아무리 효율적인 방법이라 할지라도 공부 자체가 싫다고 생각하며 공부를 지속한다면, 그 결과가 만족스럽지 못하거나 목표를 이루었다고 하더라도 그 기간은 내 인생에 떠올리기조차 싫은 고통스러운 기억으로 남을 것이다. 그리고 이것은 악순환으로 이어진다. 그 결과는 고통스러운 시간을 더 늘리거나 아예 포기하는 것이다. 너무 끔찍하지 않은가?

실제 뇌 과학에서도 긍정적인 감정 상태에서는 기억력을 관장하는 부분이 좋은 상태로 전환되어 기억력이 향상되고, 반대로 부정적인 감정 상태에서는 오히려 악화되어 기억력이 떨어진다고 한다. 기본적으로 사람들은 흥미를 느끼지 못하거나 싫어하는 것은 기억에 담아두지 않으려 한다. 그래서 공부의 고통이되는 바로 그 원인을 제거해서 긍정적인 감정 상태로 공부를 시작해야 한다. 이렇게 공부를 좋아하기 시작하면 성적은 단기간에 올릴 수 있다. 여러 번 반복해야 억지로 외워지던 지식이 그보다 더 적게 반복해도 기억에 남기 시작하기 때문이다.

억지로 만들어낸 성과는 고통을 남긴다

우리는 지금까지 공부가 고통스러운 원인을 없애지 않고 공부에 따르는 보상을 기다리며 부정적인 감정을 억누르도록 강요당했다. 공부를 싫어하는 학생에게 부모님이 이번에 반에서 1등 하면 최신형 스마트폰으로 바꿔준다고 약속했다. 이 학생이 1등을 해서 원하던 스마트폰을 갖는다 해서 고통을 감내하며 억지로 얻어낸 결과에 스스로 만족감과 보람을 느낄까?

직장에서도 정말 하고 싶지 않은 일이지만 이 일을 해낸다면 이번에 성과급을 200퍼센트 준다고 했다. 그 사람이 그 일을 해내고 성과급을 받았다고 한들 그 마음이 어땠을까? 하고 싶지 않다는 마음은 그대로 있고 아마 성과급 200퍼센트만 바라보며 억지로 그 일을 해냈을 것이다.

결과적으로는 같은 성과일 수도 있다. 하지만 그 과정에서 매번 그렇게 고통을 참아가며 하루하루 힘겹게 살아서 일시적으로 얻는 그 성과물을 보면 나중에는 허탈감을 느낄 것이다. '이게 뭐라고' 싶은 생각이 들지 않을까? 그래서 인생에 남는 것이 무엇인지 되묻고 싶다.

경영학에서 '테일러의 고전적 접근법'은 높은 임금을 통해 생산성을 높이고자 했다. 하지만 임금이 일정 수준 이상으로 오르면 아무리 높여도 그 이상의 성과를 내기가 어렵다는 한계에 부딪혔다. 이를 극복하고자 '동기부여이론'에서는 인간 행동의 요인이 동기에 있으며 생산성을 향상시키기 위해서는 동기의 유발이 필요하다고 주장했다. 하지만 동기부여만으로 공부를 지속하기는 어렵다. 그래서 동기부여를 넘어서서 아예 좋아하는 감정으로 만들어야 한다. 좋아해야 계속하고 싶고 포기하지 않을 수 있다.

공부는
일이 아닌 놀이다

이 무슨 말도 안 되는 소린가? 공부가 놀이라니! 하지만 공부의
기원을 따져보면 터무니없는 소리는 아니다. 공부라고 하면 가
장 먼저 떠오르는 것은 '학교(school)'일 것이다. 여기서 school의
어원은 그리스어 skhole에서 비롯되었다. 이 단어의 본래 뜻은
'여가(leisure)'다. 당시 그리스인들은 육체적인 노동을 노예들에
게 맡겼기 때문에 충분한 여가를 즐길 수 있었다. 그 여가를 철
학 등 다양한 학문 토론에 사용하면서 skhole에 '의논·토론'이라
는 의미가 더해졌고, 이어서 '논의나 가르침이 행해지는 곳'이라
는 뜻까지 추가되면서 '학교'를 뜻하는 단어가 되었다.

즉 공부는 본래 사람들이 여가를 보내는 놀이의 일종이었다.

＊＊＊

물론 지금 그 의미가 그대로 이어지고 있는 것은 아니지만 당시 여가를 누릴 수 있는 사람은 상당한 고위계급에 속했고, 그들이 지적인 유희를 추구하기 위해 시작된 것이 공부였다.

동양에서는 유가의 사서삼경 중 『대학(大學)』에서 '수신제가치국평천하(修身齊家治國平天下)'를 언급하며 자신을 수양하는 도구로 '학업'을 강조한다. 선비들은 항상 자신의 몸가짐을 바르게 하고 경서를 공부하는 것을 수양이라 여겼다. 누군가의 시선을 의식하며 억지로 하는 것이 공부가 아니라는 의미다.

이처럼 동서양을 막론하고 공부의 유래에 중요한 특징은 '자발성'이다. 하지만 지금 사람들은 '스스로' 공부하기보다는 무언가로 인해 억지로 공부한다고 생각하며 책상에 앉는다. 이는 공부의 효율성을 떨어뜨린다. 다시 말하면, 내가 발휘할 수 있는 기억력, 집중력, 이해력 등 공부에 필요한 역량을 스스로 떨어뜨린다는 것이다.

억지로 공부하지 말자. 공부는 자율성을 갖고 시작하는 것이 가장 중요하다. 누군가가 시켜서 억지로 시작하면 이미 그 자체가 부정적인 마음을 불러일으킨다. 이 마음이 습관화되면 책상만 봐도 거부감이 들기 시작할 것이다. 실제로 도박에 중독된 사람들은 도박을 시작할 때 흥분하는 것이 아니라 도박장만 봐도 이를 신호로 인식하고 흥분하기 시작한다고 한다.

* ✳ *

이러한 조건 형성을 공부에 적용해보자. 공부를 타율적으로 시작하면서 책상에 앉으면 부정적인 감정이 들고 이것이 반복되면 책상만 떠올려도 부정적인 마음 상태가 되어 앞서 말했듯이 공부가 싫어지면서 공부에 필요한 모든 능력을 저하시킨다. 계속 말하지만 공부를 시작하기 전 긍정적인 마음이 공부를 하는 데 가장 중요하다. 이를 위해서는 지금 스스로 공부하자고 마음먹고 이를 행동으로 옮겨야 한다.

발명왕 에디슨은 "나는 평생 하루도 일을 하지 않았다. 그것은 모두 재미있는 놀이였다(I never did a day's work in my life. It was all fun.)"고 말했다. 누가 시켜서 한 일이 아니라 자신이 진정으로 원해서 한 일이기에 발명을 위해 자신이 들인 숱한 노력을 '일'이 아니라 '놀이'로 여길 수 있었던 것이다.

캘리포니아 주립대학교의 톰 레스크 심리학 교수는 대학생을 대상으로 공부를 하고 있음에도 성적이 잘 오르지 않는 현상에 착안해 연구를 시작했다. 그 결과 타인의 지시로 공부하는 학생일수록 성적이 잘 오르지 않는다는 것을 발견해냈다. 이들에게 "왜 노력하느냐?"는 질문을 던졌을 때, '부모님의 권유' 혹은 '여자친구의 추천' 등 타인을 위해서라고 대답한 학생일수록 성실하게 공부해도 학력이 잘 향상되지 않는 경우가 많이 발생함을 알게 되었다.

＊＊＊

타인의 지시 혹은 명령으로 공부한다면 노력하는 만큼 성적이 크게 오르지 않는다는 것이다. 즉 자신을 위한 노력이 중요하다. 본래 배움은 자기를 수양하고 끊임없이 갈고닦는 것으로 이 과정에서 자신이 발전하는 모습을 보고 즐거움을 느껴야 계속 배우고 싶다는 생각을 할 수 있다. 즐겁지 않은 공부는 고통이 될 뿐이며 그 결과도 그다지 희망적이지 않다.

다른 사람에게 공부하라는 말을 듣고 공부를 하면 대부분 지겨워하고 이내 포기하기 쉽다. 타인이 요구하는 바를 해야 한다는 부담감과 진정 자신이 원하는 게 아니라는 생각이 자꾸 들기 때문이다. 하지만 자기가 진정 하고 싶은 것이라면 힘든 공부라 해도 쉽게 지치지 않는다. 설사 지친다 하더라도 금방 다시 시작할 수 있다. 다른 사람이 시켜서 하는 게 아니라 자신이 원해서 시작한 공부는 더욱 많은 발전을 빠른 속도로 이룰 수 있다.

말하는 대로
마음은 바뀔 수 있다

운동과 노동의 차이를 보여주는 연구 결과가 있다. 호텔 근로자들은 노동의 강도가 높아 늘 피곤하다고 생각하고 있었다. 그들은 실제로도 피곤하고 지쳐 보였다고 한다. 이에 연구자들은 두 그룹으로 실험 집단을 나눈 뒤 한 그룹은 하던 그대로 일을 하게 두었고, 다른 그룹에는 강도 높은 노동이 운동의 효과가 있으며 그래서 자신도 모르는 사이에 근육이 단련되고 있다고 말해주었다.

그러자 놀라운 결과가 발생했다. 노동이 운동의 효과가 있다고 들은 그룹에서는 똑같은 노동을 하고 있음에도 예전과 같은 피곤을 그다지 느끼지 않았으며, 일을 대하는 자세도 긍정적으로 바뀌어 있었다. 그리고 근력이 늘어나는 등 몸에도 운동을 한 것과 유사한 효과가 나타났다고 한다. 같은 상황에서도 어떤 마음으로 행동했느냐에 따라 그 결과가 매우 달라졌다. 이것이 바로 '마음의 힘'이다.

마음이 중요함을 보여주는 대표적인 예로 '플라시보 효과 (Placebo effect)'가 있다. 플라시보 효과란 의사가 효과 없는 가짜 약을 환자에게 처방했는데 환자의 긍정적인 믿음으로 병이 낫게 되는 현상을 말한다. 즉 심리적인 요인으로 병세가 호전되는 현상으로 '가짜약 효과'라고도 한다.

이처럼 사람이 어떻게 생각하느냐에 따라 똑같은 행동을 해도 몸의 반응이 달라진다. 공부를 시작하는 것 역시 마찬가지다. 내가 어떤 마음으로 공부를 시작하느냐에 따라 똑같은 공부를 해도 뇌의 기억력 등 반응이 달라지고 결국 공부의 효과도 달라진다. 공부를 빨리 끝내고 싶을수록 오히려 공부를 싫어하는 마음을 버려야 한다.

아무도 듣지 못하는 말은 없다. 말을 아무리 작은 소리로 내 뱉어도 바로 말을 한 '나'는 그 말을 듣고 있다. 그리고 그 말은 다시 내 행동에 영향을 준다. 〈말하는 대로〉라는 노래 가사처럼 말하는 대로 마음이 바뀌고 그 결과도 바뀔 수 있다. 무엇을 하든 내 마음이 중요하다는 말이다.

　　　 ✳ ✳ ✳

　〈말하는 대로〉는 MC 유재석이 9년이라는 무명시절을 버텼던 그때의 심정을 녹여낸 노래다. 긴 무명시절을 돌이키며 유재석은 "힘들었지만 재미있었다고 하는 사람들도 있는데 사실 그 당시 하루하루는 정말 힘들거든, 정말 힘들어"라고 운을 뗐다. 그리고 나서 "내일 뭐 하지?"가 가장 고민이었다고 말한다. 당장 내일 할 일이 없던 시절, 그래서 잠도 오지 않던 시절에 대해 이야기했다. 그리고 그땐 말하는 대로 될 수 있다는 걸 미처 알지 못했다고 말했다. 담담하지만 진정성 있는 유재석의 고백을 이적이 가사에 담아냈고 몇 년이 지난 지금도 이 노래는 힘든 청년들에게 계속해서 위로와 격려를 건넨다.

　사람이 내뱉는 말은 마음에 큰 영향을 미친다. 그래서 공부에 대한 긍정적인 마음 상태를 가지기 위해서는 공부에 대해서도 긍정적인 단어로 말을 해야 한다. '공부하기 싫어 죽겠다'는 말은 참 쉽게 들을 수 있고 나도 자주 했다. 하지만 그런 말을 하는 것부터 멈추어야 한다. '당장 하고 싶다'는 생각이 들지 않더라도 공부를 시작하기 전 '공부를 정말 하고 싶다'는 말을 하고 공부를 시작하자. 그 말이 내 귀에 들리면 마음과 말은 함께 움직이기 시작한다.

현실을 바꾸고 싶다면
3가지를 바꿔라

긍정의 힘을 믿어라

'긍정의 힘'은 책 제목으로 나올 정도로 계속 강조되는 말이다. 하지만 누군가는 대체 지금 긍정할 게 하나도 없는 상황에서 무엇을 긍정하라는 말이냐고 따져 물을지도 모르겠다. 나 역시 긍정적인 사람은 아니었다. 염세주의적이고 아무것도 할 수 없을 거라며 상심했던 때도 있었다. 그러면 '봐라, 이런 상황에서 어떻게 긍정적으로 사느냐'며 다시 부정적으로 세상을 바라보는 악순환이 되풀이되었다.

이 악순환의 고리가 이어지면 결국 나뿐만 아니라 주변 사람들까지도 같이 힘들어진다. 그러면서 주변의 관계도 자연스레 단절되기 쉽다. 스스로 피할 수도 있고, 나 때문에 힘들어지는 주변 사람이 피할 수도 있다. 이런 악순환에서 벗어나고 싶다면 스스로가 변해야 한다. 그렇다고 갑자기 자신만만해져서 180도 긍정적으로 변화하기도 어렵다. 기존의 관성이 쉽게 나를 놓아주지 않기 때문이다. 그래서 나는 3단계 방법을 추천한다.

1. 시간을 정해놓고 거울을 보고 외쳐라

자기 비난에 빠지면 대개 거울을 잘 보지 않는다. 거울에 있는 내 모습을 외면하고 싶기 때문이다. 나도 사람을 피하고 싶었을 당시에는 거울조차 보고 싶지 않았다. 그래서 시간을 정해서 거울을 보고 외치길 바란다. 길게 할 필요도 없다. 처음엔 1분만 타이머를 맞추고 조금 오글거리겠지만 내 이름을 부르며 "할 수 있다!"고 말해주어라. 좀 익숙해지면 타인이 내게 해주었으면 하는 긍정적인 말을 해주고, 시간을 조금씩 늘려가라. 길어져도 5분 정도 잡고 하면 된다.

2. 긍정의 제스처를 취해라

나에게 긍정의 말을 해주는 일이 익숙해지면 이젠 제스처도 함께 취해준다. 에이미 커디는 『프레즌스』에서 행동이 감정을 바꿀 수 있다는 실험 결과를 설명하며 딱 2분만 '원더우먼' 자세를 취해보라고 권한다. 허리를 세우고 어깨를 쫙 편 자세에서 긍정의 말을 함께 외쳐보자. 아무도 볼 수 없는 곳에서 마음 편하게 자세를 취하고 나에게도 편하게 긍정의 에너지를 불어넣어주자.

3. 이미 이루어진 것처럼 행동해라

이루어질 때까지 이미 이루어진 것처럼 행동해라. 사실 쉽지 않다. 그리고 아직 안 되었는데 이루어진 모습이 어떤지 상상하기도 힘들 것이다. 이때 내가 되고 싶은 롤모델의 모습을 상상해보길 바란다. 머릿속에서 상상이 힘들면 짧은 영상을 보는 것도 힘이 된다. 이를 보면서 내가 이렇게 되었다고 생각하고 동작을 취해보자. 5분이라도 내가 그 위치에 간다면 취할 동작을 한번 해보자.

이렇게 하면 뭐가 달라질까? 우선 마음가짐이 달라지고 마음에 힘이 생긴다. 『9할: 걱정하는 일의 90%는 일어나지 않는다』라는 책 제목처럼 우리는 쓸데없는 걱정을 하며 부정적인 생각으로 시간을 낭비할 때가 많다. 하지만 '꼭 합격한다'고 마음을 굳게 먹고 나를 믿어도 합격 여부를 확신할 수 없는 상황에서 '나는 안 돼'라는 부정적인 생각은 적어도 합격에 절대 도움은 안 된다. 그래서 이를 끊어내야 한다. 그러기 위해서 먼저 나에

$$* * *$$

대한 긍정적이 믿음을 만들어야 한다. '나는 할 수 있다! 할 수 있다! 할 수 있다!'

오늘을 바꾸자

새해 계획을 세울 땐 보통 12월부터 준비에 들어간다. 사람마다 차이는 있겠지만 계획적인 사람이라면 12월 1일부터 어떤 다이어리를 살지 고민하며 향후 이루고 싶은 목표들을 하나하나 생각해보다 12월 31일에 잘 적어본다. 적어도 신년 계획은 하루 정도는 고민하며 세운다. 그리고 다짐한다. '내일부터! 꼭 시작해야지!'

나도 많이 해봐서 안다. 안 된다는 걸. 내일부터 아침 일찍 일어나기로 계획했다고 하자. 하지만 이 목표를 달성하기 위해서는 오늘 저녁에 평소보다 일찍 자야 한다. 기존에 하던 습관이 있는데 내일 당장 천지개벽한 것처럼 일찍 일어나는 건 쉽지 않다. 그리고 설사 일찍 일어나도 이를 지속해서 습관으로 만드는 것 역시 쉽지 않다. 피곤하다며 스르르 다시 잠들거나 더 심한 경우 평소보다 더 늦게 일어날 수도 있다.

그래서 나는 내일 하려고 계획한 일은 오늘 아주 짧은 시간이라도 해보길 권한다. 예를 들어 매일 운동을 하겠다고 계획을 세웠으면 10분이라도 계획을 세운 바로 그날 운동을 해본다. 책을 읽기로 마음먹었으면 역시 10분이라도 계획을 세운 바로 그날 책을 읽어본다.

'내일의 나'는 '오늘의 나'와 함께 이미 시작되고 있다. 어떻게 내일의 내가 오늘의 나와 완전히 다른 사람이 될 거라고 장담하는가. 해야 할 일, 하고 싶은 일이 있으면 오늘 아주 잠깐이라도 시작하자. 그래야 내일도 이걸 해야 한다는 마음이 든다. 바꾸어야 할 것은 내일이 아니라 바로 오늘이다.

적자생존

『메모 습관의 힘』이 유행하면서 뜬 말이 있다. 바로 '적자생존'이다. '적는 자만이 살아남는다.' 나도 이 말을 실감했던 적이 있다. 처음으로 높은 상사에게 가는 보고였는데 깜빡하고 회의 수첩을 챙기지 못했다. 그때 나는 단순히 보고만 하고 온다고 생각했던 것 같다. 근데 회의 수첩이 없는 나를 보고 상사께서 꾸지람을 하셨다. 보고하러 왔을 때 내가 다른 부분에 대해 지시하면 다 기억할 수 있겠느냐고 되물으셨다. 뭐라 할 말이 있겠는가. 꾸벅 "죄송합니다"라고 말씀드리고 물러나왔다. 이후 나는 수첩을 챙기는 게 습관화되었다. 그리고 그 습관은 내가 업무를 잘 수행하는 데 도움을 주고 있다. 이렇게 '적는다'는 행위는 단지 회의나 공식 석상에서만 유용한 것이 아니다. 특히 다음과 같이 기록한다면 공부의 효과를 높이는 데 도움이 된다.

1. 한 장의 'To Do List'를 작성하자

'To Do List'는 그냥 그날 할 일을 적는 매우 간단한 일이다. 이를 작성할 때 알아두어야 할 5가지를 소개하겠다.

① **공부나 업무를 시작하기 전 작성한다.** 아침이 될 가능성이 높다. 일과를 시작하기 전 오늘 무엇을 해야 하는지 적어본다. 그리고 이때 딱 할 수 있는 만큼만 적어야 한다. 아침에 의욕적으로 할 수 있는 범위를 넘어서 적으면 이 습관을 지속하기 어렵다. 오늘 할 수 있는 것만 적자.

② **5개를 넘지 마라.** 5개를 넘어가는 순간 욕심이 생겨 무리하게 적기 시작한다. 그러면 집중력이 떨어지고 다 완수하지 못해 미완결로 끝날 가능성이 높다. 'To Do List'도 미션을 클리어 하듯 다 완수해야 계속하고 싶어지고 습관이 된다. 그러니 아무리 많

아도 5개를 넘기지 말자.

③ **구체적으로 적어라.** 단순하게 책 읽기, 한국사 공부하기 이렇게 적으면 안 된다. 구체적으로 어떤 책을 얼마나 읽을지, 한국사는 어느 파트까지 공부할 건지 기록해야 한다.

④ **긍정적인 내용만 써라.** '~하지 말기'라는 부정적인 내용보다는 '~를 하겠다'는 긍정적인 내용으로 기록하자. 예를 들어 다이어트를 시작하기 위해 '~먹지 말기'라고 적지 말고 '헬스장에서 30분 러닝머신 뛰기'라고 긍정어로 적는 것이다.

⑤ **공부나 일, 업무와 관련되지 않아도 괜찮다.** 5개를 넘어가지 않는다면 '점심은 ~을 먹겠다'는 개인적인 일을 적어도 상관없다. 감정과 기억은 연동한다. 즐거운 내용을 써두면 다른 리스트에 대해서도 긍정적인 신호를 줘서 목표달성이 쉬워질 수 있다. 다만 이런 내용은 2개를 넘어서는 안 된다. 너무 많아지면 무엇을 위한 리스트인지 그 목적을 잃을 수 있기 때문이다.

2. 공부 양과 시간을 기록한다

처음 공부를 시작할 때 나의 공부 속도를 알아야 한다. 남들이 하루에 3단원까지 할 수 있으니까 나도 그만큼은 해야지 하고 계획할 수 있지만 사람마다 공부하는 속도와 방법은 매우 다르다. 그래서 처음에 매우 중요한 일이 공부한 양과 시간을 기록하는 것이다. 공부에 집중하기 위해서는 스마트폰보다는 스톱워치 사용을 적극 권장한다. 그리고 다이어리에 기록하자. 나중에 합격하고 보면 새록새록 기분이 남다를 것이다.

3. 한 줄 일기를 쓰자

우리나라 사람들은 초등학교 때부터 숙제로 써냈던 일기에 익숙해져서 그런지 성인이 되어서도 일기를 쓰는 사람이 드물다. 하지만 일기를 쓰는 것은 아주 중요하다. 하루를 정리하는 시간이 되기 때문이다. 그렇다고 길게 적는 건 마음에 부담이 되니 간단히 한 줄로 다이어리에 적기 바란다. 오늘 나에게 말해주는 칭찬 일기를 쓰자.

공부를 시작하면 아무래도 잘해야 한다는 심적인 부담이 크다. 그리고 남이 나를 꾸중하는 것도 듣기 싫은데 나마저도 나를 질책하면 일기를 아마 안 쓰게 될 것이다. 그러기에 칭찬할 일을 만들어서라도 딱 한 줄만이라도 칭찬 일기를 쓰자. 그래도 반성을 꼭 하고 싶다고 생각한다면 먼저 반성할 것을 한 줄 적고, 그다음 줄에 칭찬을 적자. 마무리는 긍정적이어야 한다.

＊ ＊ ＊

　이러한 기록은 처음에는 아무것도 아닌 것 같지만, 쌓일수록 내게 좋은 습관을 만들어준다. 지금 제시한 부분은 쉽게 메모해서 기록을 습관으로 만드는 과정을 보여주었다. 매일의 기록을 모아 나의 역사를 써나가자.

제2장

동기부여

진짜 공부를 시작하자

감정에 따라
기억은 변한다

샌디에이고 주립대학교의 로버트 캐플런은 500여 명의 대학생을 두 그룹으로 나누어 심리학 이론에 대한 비디오 강의를 보여주었다. 비디오는 사전에 두 종류로 제작되었는데, 같은 강사가 출연하여 하나는 유머를 섞으며 즐겁게 강의를 했고, 다른 하나는 유머 없이 설명만 했다. 어느 방법으로 강의를 했을 때 학생들이 그 내용을 더 잘 기억하는지 알아보는 실험이었다.

그 결과 비디오를 본 직후에는 두 그룹이 기억하는 내용이 거의 차이가 없었지만, 6주 후에 다시 조사하니 유머 있는 강의를 본 그룹이 더 많은 내용을 기억하고 있었다. 즐거웠다는 긍정적인 마음 상태가 6주가 지나도 그 내용을 더욱 잘 기억하도록 만들었다. 이렇게 뇌는 긍정적인 마음 상태에서 경험한 것을 장기 기억으로 남기려 한다.

누구에게든 자기 나름의 관심 분야가 있다. 그것이 아이돌 그룹일 수도 있고, 게임일 수도 있다. 사람들은 자신이 관심을 갖고 있는 분야에 대해 즐거운 마음으로 자발적으로 정보를 찾고 자연스럽게 익혀 그 분야를 잘 알게 된다. 하지만 그 분야에 관심이 없는 사람은 흥미가 없어 이를 억지로 배우려 해도 괴로워지기만 한다.

학창 시절 많은 것을 억지로 외워 공부했다. 하지만 시간이 지난 지금은 대부분 기억나지 않을 것이다. 사람은 지루한 것, 싫은 것, 흥미가 없는 것, 즉 부정적인 마음 상태에서 공부한 것들은 잘 외우지 못한다. 우리의 뇌는 불편한 정보는 빨리 망각하기 때문이다. 이를 '기억의 낙관성 원리'라고 한다.

"저는 열심히 노력하고 있는데요. 어째서 공부를 못하는 걸까요? 저는 노력해도 좋은 결과를 내지 못하는 사람일까요?"라고 묻는 사람들이 있다. 이런 사람들에게 "노력한다는 걸 의식하면서 노력하고 있지 않냐?"고 되묻고 싶다. 내가 열심히 애를 써서 노력하고 있다고 의식하는 것은 이미 즐거움이 아니라 고행의 순간으로 들어간 것이다. 또 고통스럽게 그 일을 견디고 있다는 증거다.

＊ ＊ ＊

　자기를 괴롭히기 위해 하는 노력은 좋은 노력이 아니다. 즐거운 일을 힘껏 하는 것이 바로 좋은 노력이다. 즐기기 시작할 때 우리는 스스로가 생각하는 한계를 뛰어넘어 능력을 맘껏 발휘할 수 있다.

　앞서 월터 미셸의 마시멜로 실험에서 보았듯이 선천적으로 자제력과 인내력을 갖춘 사람도 있다. 하지만 지극히 일반적인 사람들도 스스로 마음 상태를 긍정적으로 바꾼다면 충분히 뛰어난 능력을 발휘할 수 있다. 마시멜로 실험에서 또 다른 하나의 마시멜로를 얻기 위해 15분을 기다린 아이들의 인내력은 칭찬해줄 일이다. 하지만 그 15분의 시간이 그들에게는 매우 길고도 힘든 시간이었을 것이다. 그러한 고통의 시간 없이 즐거움이 가득 찬 긍정적인 마음 상태로 '노력하고 있다'는 고통스러운 자각 없이 공부할 수 있도록 내 마음을 만드는 것. 그것이 우리에게 필요한 공부에 임하는 자세다.

나이가 들수록
공부가 더 필요하다

혹시 공부할 때를 이미 놓쳤다고 생각하며 공부와 담을 쌓고 살고 있지는 않은가? 나이가 들어가면서 많은 사람들이 시간이 있어도 이젠 공부해도 아무것도 기억나지 않는다고 자꾸 스스로를 세뇌한다. 하지만 뇌는 계속 변한다. 여러 실험 결과가 증명하듯이 자꾸 사용할수록 뇌는 사용하는 그 부분을 발전시킨다. 노화로 인해 세포가 마냥 죽는 것이 아니라 사용하는 세포는 증가한다. 『1만 시간의 재발견』이라는 책에 이와 관련된 실험이 있다.

런던 거리는 GPS 시스템을 무색하게 만들 정도로 복잡하다. 바둑판 모양의 간선도로망도 없으며 일방통행로도 많고 여기저기 로터리며 막다른 길이 많다. 또 불규칙한 번지 체계로 특정 주소를 정확히 찾아가기가 어렵다고 한다. 실제 런던에서 택시 운전사가 되려면 여러 단계의 시험을 통과해야 한다. 세계에서 가장 어려운 면허시험이라는 말이 나올 정도다.

단순히 거리와 건물을 아는 것 이상으로 지역에 대한 철저한 숙지가 필요하며, 효율적인 방법으로 갈 수 있다는 능력도 증명해야 한다. 이에 지망생 중 절반 이상이 중도에 포기한다고 한다. 하지만 이런 어려운 시험을 통과한 런던 택시 운전사는 뇌에서 공간과 지각을 담당하는 '후위 해마'의 크기가 비슷한 연령대의 다른 직종 사람들보다 크다는 것이 밝혀졌다. 그리고 택시 운전사로 일한 기간이 길수록 후위 해마가 컸다. 또 비슷한 직종인 버스 운전사와 비교했을 때도 택시 운전사의 후위 해마가 상당히 큰 것으로 나타났다.

이 실험 결과는 단순히 후위 해마가 큰 사람들이 택시 운전사가 될 수 있다는 것으로 비칠 소지가 있어 실험자 맥과이어는 다른 실험도 진행했다. 그 실험은 막 훈련을 시작한 택시 운전사 지망생과 비슷한 연령대의 남성을 실험 대조군으로 선발했다. 실험 초기에 그들의 후위 해마 크기는 별 차이가 없었으나 4년 뒤에 비교했을 때, 런던의 도로를 충분히 익혀 택시 운전사가 된 집단, 시험에 통과하지 못한 집단, 전혀 훈련을 받지 않은 집단으로 나뉘었다. 그리고 당연히 택시 운전사가 된 집단의 경우 후위 해마의 크기가 유의미한 정도로 커졌고, 나머지 집단에서는 별다른 차이가 없었다고 한다. 이 연구는 기계체조 선수가 훈련으로 근육이 발달하듯이 뇌도 근육처럼 사용할수록 발달한다는 것을 입증했다.

보통 사람의 인지능력은 나이가 들면서 빠르게 쇠퇴하는 반면, 어떤 사람들은 나이에 상관없이 인지적 능력을 유지하거나 오히려 더 높은 상태에 다다르기도 한다. 후자의 경우는 평생 지적인 도전을 게을리하지 않는 사람일 가능성이 높다. 계속해서 지적인 도전을 하는 사람들은 그렇지 않은 사람들보다 더 똑똑해진다는 것은 어쩌면 당연한 일이다. 앞서 말했듯 우리의 뇌는 계속해서 변한다. 평생 동안 사람의 뇌는 새로운 정보와 자극에 반응할 능력이 있다. 아동기에는 선천적 능력이 인지적 기능에 강력한 영향력을 행사할지라도 후천적으로 이루어지는 교육, 경력, 생활방식으로 축적된 영향은 전 생애에 걸쳐 인지능력에 영향을 미친다. 이는 단기적으로 정확하게 측정될 수 없지만, 사람의 행동에 따라서 인지능력은 올라갈 수도 있고 내려갈 수도 있다는 사실은 확실하다. 그렇기에 효과가 비록 미미하게 보일지라도 더 많은 지적 도전을 하면 할수록 그리고 오래 할수록 지적능력은 향상된다.

100세 시대를 뛰어넘어 120세 시대가 온다고 한다. 이러한 수

명연장은 신체적으로는 건강할 수 있어도 인지능력을 담보해주
지는 않는다. 인지능력을 잃는다면 자신뿐만 아니라 가족을 비
롯한 주변 사람들까지 힘들어질 수 있다. 꾸준히 공부하는 일은
뇌의 인지적 능력을 유지하는 데 큰 도움을 준다. 인지능력을
유지하면 나이를 먹어도 삶의 질이 유지된다. 당연히 공부를 처
음 시작하거나 다시 시작한다면 어렵게 느껴지겠지만 그 느낌은
오히려 성장하고 있다는 증거다. 어렵다는 건 뇌가 자극을 받기
시작했다는 의미이기 때문이다. 과거를 바꿀 수는 없지만, 현재
와 미래는 아직 충분히 바꿀 수 있다. 통제할 수 있는 것에만 집
중하자.

타고난 인내력이 없다고
포기하지 마라

월터 미셸의 마시멜로 실험을 다시 떠올려보자. 처음에 이 실험에 대해 들었을 땐 역시 사람이 성공하기 위해서는 인내력이 중요하다고 느껴졌다. 즉 이 실험이 보여주는 결과는 선천적으로 인내력이 높은 사람이 사회에서도 더욱 높은 성과를 거둔다는 것을 보여준다는 것이다. 4~6세 아이들이 대상이 된 실험이기에 타고난 인내력이 중요한 변수로 여겨졌다. 뒤집어 생각하면 선천적인 인내력이 부족한 사람들은 인내력을 타고난 사람을 학업적인 부분에서 앞서기 힘들다는 결론으로도 볼 수 있다.

그렇다면 선천적으로 타고나지 못한 사람들은 영원히 그들보다 못하게 살아야 하는가? '정의(justice)란 무엇인가'를 따지려

* * *

하는 것이 아니다. 자신이 인내력이 없다고 생각하며 포기하려고 하는 사람들에게 희망과 용기를 주려는 것이다. 타고난 인내력이 없어도 공부를 지속할 수 있다. 물론 선천적으로 인내력을 갖고 태어났다면 최상이었겠지만 인내력만 있다고 해서 공부를 잘할 수 있는 건 아니다.

특히 하고 싶어 하지 않는 일을 지속하는 것은 매우 어렵다. 그 당시에는 15분이었지만 학업은 짧게는 몇 개월 길게는 평생을 이어가야 할 일이다. 15분을 기다릴 때의 인내력과는 비교도 되지 않는 인내가 필요하다. 많은 사람이 스스로 재능과 인내력이 부족하기 때문에 공부를 할 수 없다고 느낀다. 하지만 그 생각은 틀렸다. 그리고 맞아서도 안 된다.

음악이나 체육 같은 예체능에서 최고의 기량을 자랑하기 위해서는 타고난 재능 혹은 신체적 조건이 필요하다는 데 동의한다. 하지만 꼭 올림픽 금메달을 목표로 그 스포츠를 시작하는 사람들보다 건강이나 취미생활을 위해 스포츠를 시작하는 사람들이 많다. 그런 사람들이 타고난 재능 혹은 신체적 조건이 없다고 모든 스포츠를 아예 시작도 하지 않는 것은 어불성설이다. 아무리 신체적 조건이 나빠도 시간을 들여 연습한다면 다른 사람들보다 잘하는 수준은 충분히 가능하다. 그리고 신체적 조건이 나쁠수록 건강을 위해 운동을 해야만 하는 사람들도 많다.

＊＊＊

예체능 계열은 최고가 아니면 생업으로 삼기엔 어려운 부분이 있다. 승자독식 현상이 가장 잘 나타나는 곳이기 때문이다. 'Winner takes all.' 1등이 전체 수익의 50퍼센트 이상을 점하는 이 현상은 연예인이나 스포츠 선수뿐만 아니라 의사, 변호사 같은 전문직종에서도 나타난다.

하지만 공부는 다르다. 학창 시절을 떠올려보자. 전교 1등만큼은 아니어도 상위권에 들어가면 공부 잘한다고 인정받는다. 공부를 통해 학자로서 독보적인 위치에 오르는 것이 목표가 아니라 시험에 합격하고 자기계발을 하기 위한 공부는 스포츠를 다른 사람들보다 좀더 잘하는 수준으로 생각하면 된다. 금메달을 따기 위한 선천적으로 타고난 조건이 갖춰져야만 하는 것이 아니다.

따라서 타고난 조건을 탓하며 공부를 포기할 이유는 전혀 없다. 게임을 처음 시작할 때 '오늘 정말 날 잡고 게임에 미쳐보자'는 생각으로 시작하는 사람보다 '딱 1시간만 하자'고 스스로 약속을 하고 컴퓨터 앞에 앉는 사람이 더 많을 것이다. 그런데 게임에 빠져들기 시작하면 1시간은 거의 10분처럼 지나간다. 그리고 어느새 '1시간만 더!'를 외치게 된다. 인내력이 없다는 사람이 어떻게 게임에 1시간 이상 집중할 수 있을까? 그건 게임에 대해 긍정적인 마음 상태를 갖고 있기 때문이다. '게임을 하면 안 된다'고 머리로는 생각하지만 이미 마음에서는 '게임을 하고 싶다'는 게임에 대한 긍정적인 마음 상태로 시작한다. 게임이 정말 하고 싶지 않은데 억지로 게임을 시작하는 사람은 손에 꼽을 것이다. 자신이 게임을 하는 건 좋아하기 때문에 집중력이 올라가고 인내력이 없어도 1시간은 빛의 속도로 지나간다.

좋아하는 드라마나 영화를 보는 것도 마찬가지다. 드라마나 영화를 몰입해서 볼 수 있는 이유 역시 긍정적인 마음 상태로 시작하기 때문이다. 영화관에서 2시간 이상 앉아 있어도 좋아하는 영화는 시간 가는 줄 모르고 몰입해서 보다가 어느새 엔딩크레딧이 나오지 않는가.

이처럼 타고난 인내력이 없다고 생각한다면 더더욱 공부에 대해 긍정적인 마음 상태를 가져야 한다. 우리는 좋아하면 몰입할 수 있는 충분한 자질을 이미 갖고 있다. 공부도 게임, 드라마, 영화와 다를 것이 없다.

당신의 가능성은 믿어도
당신의 의지는 믿지 마라

'의지'란 '어떠한 일을 이루고자 하는 마음'이다. 물론 알다시피 '마음'은 매우 유동적이다. 늘 움직이고 어제와 오늘이 다른 정도가 아니라 1분 1초 뒤에도 어떻게 변할지 모르는 게 마음이다. 그러기에 나의 가능성에 대한 믿음은 항상 있어야 하지만 어떠한 일을 이루고자 하는 그 의지가 계속 내 마음에 깃들어 있으려면 강제할 수 있는 장치가 필요하다.

1. 나의 목표를 알리자

나의 목표를 알리는 걸 수줍게 생각하는 사람들이 많은 것 같다. '굳이 이걸 알려야 해? 내가 그냥 해내면 되는 거지'라고 생각할 수도 있다. 하지만 잘 살펴보면 그 마음에는 혹시 이 목표를 이루지 못한다면 창피할 수도 있겠다는 마음이 커서 알리는 일을 꺼리는 경우가 많다. '안 되면 어떡하지' 하는 부정적인 생각이 이를 가로막고 있다는 뜻이다. 그럴수록 더욱 스스로는 물론 주변에도 알려야 한다. 사람은 말을 한번 뱉으면 이를 지키기 위해 노력하는 힘이 생긴다. 목표를 향해 나아가기 위해서는 이런 힘이 필요하다.

그래도 나는 정말 알리고 싶지 않다고 생각하는 사람이라면, 먼저 목표를 적어서 내가 자주 볼 수 있는 곳에 붙이거나 들고 다녀라. 백지수표에 자신이 벌고 싶은 금액을 적어 가지고 다닌 영화배우 짐 캐리처럼 지갑에 넣는 것도 좋다. 지갑을 잘 들고 다니지 않는다면, 스스로에게 메시지를 보내라. 카톡의 1:1 채팅도 좋고, 아무도 모르는 SNS 계정을 하나 만들어서 계속 올려도 좋다. 누구에게 말하느냐가 중요한 것이 아니라 마음에만 간직하지 말고 외부에 공표하는 그 행동이 중요하다.

2. 알람시계를 설정하자

알람시계는 아침잠을 깨우는 용도 외에도 사용법이 많다. 예를 들어 퇴근 후 저녁 8시에 공부를 시작하기로 계획했으면 8시에 알람이 울리도록 설정을 해두자. 그리고 알람 이름도 '헌법 공부'처럼 어떤 공부를 할지 구체적으로 설정하자. 물론 알람이 울려도 그냥 알람을 꺼버릴 수 있으니 후속적인 조치도 필요하다.

이때 스톱워치를 이용하기 어려우면 다양한 앱을 활용할 수 있다. 보통 수능을 준비하는 학생을 위해 나오는 앱이 많은데 이를 다른 공부를 할 때 사용해도 무리가 없다. '열공시간'처럼 시작을 누르고 나면 스마트폰으로 다른 작업은 하지 못하도록 시간을 측정하는 앱 등을 사용하면 시간 측정도 되고 스마트폰을 보는 시간도 줄일 수 있다. 이 외에도 스마트폰 보는 시간을 제어하는 앱도 많다. 알람이 울리고 공부를 시작하면 다른 것, 특히 스마트폰에 주의를 빼앗기지 않도록 환경을 만들자.

3. '율리시스 계약'을 맺자

'율리시스 계약'이란 그리스 신화에서 유래되었다. 트로이 전쟁을 승리로 이끈 오디세우스는 10년 동안 바다를 헤맨 끝에 집에 오게 되는데 그 과정에 '사이렌'이라는 괴물이 사는 바다를 지나게 되었다. 사이렌은 아름다운 목소리로 노래를 하는데, 이 목소리에 홀린 선원들이 정신을 놓아버리기 때문에 이 지역을 지나가는 배는 모두 바위에 부딪혀 가라앉았다고 한다. 그러면 그냥 피해서 가면 될 것을 오디세우스는 사이렌의 노래는 듣고 싶어 부하들에게 자신을 돛대에 꽁꽁 매어두고, 자신을 제외한 나

＊＊＊

머지는 모두 밀랍으로 귀를 막고, 자신이 어떤 이상한 말이나 행동을 하더라도 절대로 자신을 풀어주지 말고 지시에도 따르지 말라고 한 뒤 세이렌이 있는 바다로 나아갔다. 오디세우스는 사이렌의 노래를 들으며 선원들에게 잘못된 지시를 내렸지만, 선원들은 이에 따르지 않고 배를 운항하여 다른 배들처럼 좌초되는 일 없이 무사히 집으로 돌아갔다.

이렇듯 더 나은 결과를 위해 '현재의 내'가 '미래의 나'를 제약하는 조건을 만드는 것을 '율리시스 계약'이라 부른다. 이를 활용하여 1900년대 초반 펜실베이니아에서는 '크리스마스 저축 클럽'을 개설했다. 고객들은 11월에 은행 계좌를 만들고 1년 내내 매주 정해진 금액을 저축한다. 예금은 1년 내에 인출할 수 없으며, 심지어 일찍 인출하면 수수료까지 붙는다. 이때 이 예금은 이자를 주지도 않았는데 엄청난 호응을 얻었다고 한다.

이런 율리시스 계약을 나 역시 맺었다. 7급 공무원 시험 공부를 시작한 초반에 나는 나를 구속하기 위해 '관리형 독서실'에 다녔다. 내가 선택한 관리형 독서실은 하루 7시간 이상 공부를 해야 확인 도장을 찍어주었다. 또 스마트폰 보관함이 있어 휴식 시간에만 스마트폰 사용이 가능하고 열람실 내에서는 스마트폰 소지가 금지된다. 또 출결 관리도 하여 좌석에 앉아 공부하는지 매시간 점검하여 하루 몇 시간 공부하는지 매주 게시했다.

＊＊＊

또 휴식 시간 외에는 열람실 밖 출입이 금지되어 다른 사람들의 움직임에 대한 신경도 쓸 필요가 없었다. 2개월 동안 다니며 매우 규칙적인 생활습관이 만들어졌고 이후에는 일반 독서실에서 공부를 해도 큰 틀 안에서 내 패턴에 맞게 공부할 수 있었다. 이처럼 나에게 맞는 '율리시스 계약'을 맺는 것이 공부를 위한 환경을 설정하는 데 큰 도움이 된다.

어제와 똑같이 살며
다른 미래를 기대하지 마라

일기를 간단히 쓰면서 오늘 무엇을 했는지 다시 한 번 떠올린다. 매일 하는 일은 바뀌지만 큰 틀은 바뀌지 않는다. 아침에 일어나 출근 준비를 하고, 출근을 해서 일하고, 퇴근하고 와서 씻고 잠든다. 직장인의 일반적인 삶이다. 그리고 수험생은 출근을 직장에 하는 게 아니라 학원이나 독서실에 하는 것으로만 바꾸면 될 뿐 비슷한 패턴일 것이다. 지금 당장 하루하루만 바라본다면 이 현실이 그렇게 고달파 보이진 않을 수 있다. 하지만 생각해보라. 내일 그리고 은퇴 혹은 퇴직 때까지 이렇게 살고 싶은가?

오늘을 30년 넘게 지속해야 한다고 생각해보라. 삶에서 무료

* ✳ *

함이 느껴지지는 않는가? 어느 날 내가 이런 상상을 했을 때, 이 게 대체 무엇을 위해 사는 인생인지 모르겠다고 느꼈다. 그래서 이 생활을 바꾸자고 결심했다. 책을 읽고 글을 썼다. 나를 위한 무언가를 시작했다. 그리고 지금 나는 계속 나아지고 있다.

잘 생각해보자. 큰 틀에서는 같지만 하루를 자세히 들여다보면 완벽히 어제와 같은 오늘은 없다. 그리고 오늘과 똑같은 내일도 없을 것이다. 하지만 사람들은 하루하루가 같다고 느낀다. 그 이유는 스스로 만드는 변화가 없기 때문이다. 직장인은 일의 내용이 바뀜에도 일을 한다는 것에 동일함을 느끼고, 수험생은 공부 과목은 변하지만 공부를 해야 한다는 것에 동일함을 느낀다. 스스로 만든 것이 아니라 주어진 것을 어쩔 수 없이 해야 한다고 느낄 때 매일이 똑같다고 느끼게 된다. 이 굴레에서 벗어나려면 매일 변화하는 나를 만나야 한다.

여기서 내가 다시 공부를 해야 한다고 말한다면 생뚱맞은 소리로 들릴지도 모른다. 하지만 저 큰 틀을 바꾸기 위해서는 결국 공부밖에 없다는 것을 깨달았다. 정확히는 스스로 시작하는 공부여야 한다. 우선 수험생은 시험 합격을 위해 계속 공부를 해야 한다. 그리고 될수록 빨리 합격하고 끝내야 한다. 직장인도 마찬가지다. 지금 자신을 위한 공부를 하지 않는다면 큰 변화가 없는 한 계속 그 생활을 하거나 아니면 상황이 오히려 나

빠질 가능성도 있다. 빠르게 변하는 사회에 빨리 적응하는 사람들과 달리 자신을 위한 공부를 하지 않는 사람들은 그 자리에 멈추는 것처럼 보이지만, 사실상 뒤처지고 있다.

이 말이 어쩌면 경쟁을 부추기고 '반드시 승리해야만 한다'는 말로 들릴까 조심스럽다. 나는 다만 아인슈타인의 말로 내 뜻을 대신 전하려 한다. "성공한 사람이 아니라 가치 있는 사람이 되기 위해 힘쓰라." 뒤처진다는 것은 외관상 뒤처지는 것을 의미하지 않는다. 물론 보이게 되면 더 명확하게 자극을 받고 나아갈 수도 있다. 하지만 대개 그 차이가 외관으로 드러나기까지 시간이 걸릴 수밖에 없고, 이미 외관상 차이가 벌어지면 낙담하여 새롭게 시작하기보다는 자포자기하고 체념할 가능성이 오히려 높다. 그러기에 가치 있는 사람이 되도록 지금 공부를 시작하길 바란다.

"어제와 똑같이 살면서 다른 미래를 기대하는 것은 정신병 초기 증세다." 처음엔 다소 과격한 이 명언을 남긴 사람이 아인슈타인이라는 것이 믿기지 않았다. 원래 충격이 좀 있어야 기억이 잘 나기 때문일까? 지쳐서 다 포기하고 싶을 때면 자연스럽게 저 문구가 떠오른다. 어제와 똑같이 오늘을 보내면서 내일이 달라지길 바라는 것은 얼마나 어리석은가. 사람들은 힘들 때 쉽게 로또와 같이 일확천금을 기대한다. 하지만 잘 살펴보자. 로또를

＊＊＊

통한 일확천금을 노릴 때조차 로또를 사러 가는 새로운 행위를
해야 한다.

지금 삶에서 다른 일이 일어나길 원한다면 다른 시작을 해야
한다. 그 시작은 처음에는 나를 많이 힘들게 할지 모른다. 관성
의 법칙 때문에 새로운 무엇을 시작하는 것이 결코 쉽지는 않
다. 특히 좋은 습관을 만들고자 한다면 더욱 어렵다. '작심삼일'
이라는 사자성어가 괜히 나온 게 아니다. 하지만 나는 어제와
다른 오늘을 살아 내일도 바뀌길 기대한다. 그리고 이 마음은
계속 다른 일을 지속하게 만드는 원동력이 된다. 여러분도 모두
내일에 대한 희망을 품고 어제와 다른 오늘을 살길 소망해본다.

완벽한 타이밍은
오지 않는다

현재에 만족하고 있는가? 그렇다면 이 책을 펴보지도 않았을 것이다. 나 역시 현재에 만족하지 못하고 있다. 이것은 옳고 그름의 문제가 아니다. 다만 지금보다 더 나은 나를 꿈꾸고 더 나은 내가 되고 싶다는 끝없는 향상심이 마음에 자리 잡고 있을 뿐이다. 지나간 시간을 돌이켜보면 당연히 후회되는 순간도 있고, 또 어쩔 수 없었다며 위로해주고 싶은 순간도 있다. 그 돌이켜보는 시점에서 후회되는 순간에 "좀더 일찍 시작했으면 어떨까?"라는 마음이 든다.

어떤 사람들 아니 대부분의 사람들이 지금은 이것 때문에 힘들고, 저것 때문에 바빠서 이 일들이 마무리되면 무언가를 시작하겠다고 다짐한다. 하지만 다들 경험을 통해 잘 알고 있다. 그 일들이 마무리되면 해보려고 생각했던 일들이 생각나지 않으면서 아무것도 하지 않고 쉰다. 사실 이건 그나마 괜찮은 경우다. 최악의 경우 예상하지 못했던 또 다른 일이 터지면서 다시 '이것만 마무리되면!'이라고 외칠지도 모른다. 혹은 시작 없이 계속 휴식을 취하다가 새로운 일이 생기며 결국 아무것도 하지 못하고 지나간다.

물론 아무것도 하지 않고 휴식하는 일 역시 중요하다. 하지만 휴식을 취할 때 무엇을 할지 미리 적어두고 이를 실천하는 것이 좋다. 보통 휴식에 대한 계획을 짤 때 이 책도 좀 읽고, 이것도 한번 배워보고, 여행이라도 다녀와야지 생각하지만 대개 아무것도 하지 않고 3일이 3초 만에 끝나는 느낌으로 휙 지나가 버린다.

나 역시 준비했던 시험에 합격한 뒤, 바쁜 일상 속에서 나를 놓치고 살았다. 하지만 2년쯤 지나자 나는 다시 임팩트 공부법을 시작하던 때로 돌아가기 위해 노력했다. 시간이 없다며 미루던 해외여행을 3년 차에 떠났고, 나를 바꾸기 위해 '독서'를 선택하고 7주간 100권 이상 읽었다. 일을 시작하기 전부터 해보고 싶었던 것들이지만 지금은 바쁘니까 나중에 하자고 다독이며 할 수 있는 상황이 열리기만 기다리고 있었다. 하지만 해를 거듭할

＊＊＊

수록 확실한 한 가지를 알게 되었다.

'내가 생각하는 완벽한 타이밍은 절대 오지 않는다.'

해결되길 바라는 업무 중 하나가 괜찮아지면 다른 곳에서 예상치 못한 문제가 발생했다. 그리고 그 문제를 처리하면 또 다른 숙제가 생긴다. 내가 지금 생각하는 무언가가 끝나도 예상치 못한 새로운 문제가 발생했다. 그 속에서 나는 결심했다.

'완벽한 타이밍이 오기를 기다리지 말고 내가 완벽한 타이밍을 만들자.'

시험 준비 등 전업으로 공부하는 수험생이라면 우선 당장 공부를 시작해야 한다. 하지만 처음부터 무리해서 오직 공부, 식사, 잠자기만 있는 시간표를 만들고 사흘도 지나지 않아 스스로 지치지 말길 바란다. 『아주 작은 반복의 힘』과 『나는 고작 한번 해봤을 뿐이다』 등의 책을 보면 작은 반복을 계속하면 습관이 되고 또 사용하는 시간도 점점 늘어날 수 있다고 말한다. 물론 전업 수험생과 직장인의 자기계발은 기본적으로 사용할 수 있는 시간의 양이 매우 다르다. 하지만 먼저 습관으로 만들어야 한다는 점에서 같다.

사람들이 처음 시작하기 어려운 다양한 이유가 있겠지만, 나는 미리 앞선 걱정을 하며 생기는 두려움 때문에 많이 망설였다. 이 일을 시작하고 나면 뒤에는 이것도 해야 할 텐데, 내가 그때까지 업무상 어려움 없이 이 일에 매진할 수 있을까 하는 두려움이 몰려오며 결국 망설이다 시작조차 하지 못했다.

그래서 처음에 내 욕심보다 작은 계획을 세우되 당장 오늘부터 시작했다. 한번은 직장을 다니며 듣고 싶은 수업이 있었는데, 주말 이틀 중 적어도 하루를 온전히 투자해야 했다. 처음엔 제대로 수업을 들을 수 있을까 싶은 걱정에 많이 망설였다. 하지만 기초 3회 과정이 있어 세 번은 들을 수 있을 것 같아 수업을 듣기 시작했다. 막상 시작해보니 계속할 수 있겠다는 자신감이 생겨서 상급 7주 과정 수업까지 수강하게 되었다. 단 한 번 업무상 이유로 수업에 가지 못한 적이 있어 조금 아쉽긴 했지만 나는 목표를 이루었다고 자부한다. 처음 등록할 때는 3회조차도 제대로 갈 수 있을지 자신이 없었는데, 10회 수업을 듣는 동안 한 번만 빠진 것은 처음 기대를 웃도는 성과였다.

다시 한 번 생각해보자. 처음부터 내가 10회 과정을 다 들어야 한다고 생각했다면 감히 시도할 엄두조차 내지 못했을 것이다. 주말마다 뭔가 일이 생겨서 출근해야 할 것만 같고, 한창 바

＊＊＊

빠질 즈음인데 그냥 돈만 버리는 게 아닐까 고민하다 시작조차 하지 못했을 것이다. 그러나 3회 과정을 일단 시작해보니 7회도 할 수 있을 것 같았다. 시간을 만들려 애를 썼고, 주말에 출근할 일을 만들지 않으려 주중에 집중해서 일했기 때문이다.

이처럼 무언가 시도할 때는 처음부터 완벽한 계획 속에서 움직이며 시작하기보다는 우선 한번 시작을 하고 그러면서 천천히 그리고 꾸준히 해나가는 것이 중요하다. 무언가 공부를 시작하려 하는 지금 이 순간, 임팩트 공부법을 통해 일단 시작한 뒤 자신만의 공부법을 만들어나가자.

제3장

노하우

목표달성 집중 전략

임팩트 있는
목표를 세우자

최종목표는 오직 하나만

처음 공부를 시작할 때는 이것저것 많은 목표가 눈에 들어온다. 학생이라면 공부해야 할 과목이 많아 매일 다 해야 하지 않을까 두려울 것이고, 직장인이라면 외국어, 엑셀, 자격증 공부 등 남들에게 뒤처지지 않기 위해 끊임없이 내달릴 것이다. 수험생은 비교적 나은 편이다. 단 하나 마음먹은 시험에 합격만 하면 된다. 이때 여러 시험을 준비하고 있다 해도 정말 하고 싶은 단 한 가지 시험에 합격하는 것을 최종목표로 세우길 바란다.

나도 욕심이 많은 편이라 여러 가지를 병행하다가 이도 저도 안 된 경험이 많이 있다. 특히 의욕이 넘쳐서 새롭게 계획을 세우는 바로 지금은 정말 다 할 수 있을 것만 같은 생각이 든다. 하지만 길면 사흘 짧으면 하루도 채 지나지 않아 깨달을 것이다.

다 못한다. 매일 일정 시간 짬을 내서 시간을 정해두고 무언가를 한다는 것도 어려운데 그렇게 해도 내가 세운 여러 가지 목표 중 그 어느 쪽에도 집중이 제대로 되지 않을 가능성이 높다. 자투리 시간을 아무리 활용해도 한 가지에 집중하지 않으면 단시간에 성과를 내기는 어렵다.

그러므로 가시적으로 단기간에 성과를 내고 싶은 사람이라면 오직 하나의 최종목표만 설정하자. 보통 목표를 세우기 위해 살펴보면 하고 싶은 일보다는 해야만 하는 일이 많다. 만일 하고 싶은 일이 있고 해야만 하는 일이 있으면 우선 하고 싶은 일을 하나의 최종목표로 삼자.

노파심에 덧붙이자면, 여기서 말하는 최종목표는 인생의 최종목표를 의미하지 않는다. 인생의 최종목표는 가시적인 성과를 내기도 어렵고 대체로 장기적인 플랜이 필요하다. 그런 점에서 지금 우리가 주안점을 두고 있는 것은 인생의 최종목표로 가기 위한 작은 최종목표다. 먼 미래는 우리에게 큰 동력을 주긴 어렵다. 예를 들어 중간고사가 한 달쯤 남았을 때의 1시간과 일주일 남았을 때의 1시간, 그리고 당일 아침 1시간은 집중력의 밀

＊＊＊

도가 달라진다. 먼 미래는 우리에게 장밋빛 희망을 주지만, 한 편으로는 먼 길을 가야 해서 오늘 하루는 좀 쉬어도 된다는 면 죄부를 줄 수도 있다. 그래서 여기서 말하는 최종목표는 내가 이루고자 하는 인생의 목표에 도달하기 위한 수단적인 측면의 목표다. 그러므로 눈에 보이는 목표를 세워야 한다.

성공적인 목표설정을 위해서는 집중해야 할 단 한 가지를 선 별해야 한다. 신년이 되면 이것저것 많은 목표를 세운다. 여러 개를 적어두면 그중 하나 정도는 이룰 수 있을 거라는 생각도 있는 것 같다. 하지만 1년이 지나 돌이켜보면 결국 제대로 이룬 일은 하나도 없다. A를 해보다가 또 B를 기웃거리다 다음엔 C 를 좀 알아보다가 1년이 다 가버린다. 그래서 집중할 하나의 목 표가 필요하다. 최악은 무엇을 계획했는지조차 모르는 것이다.

최종목표를 이루는 데 시일이 오래 걸리는 일이 있을 수 있 다. 장기적인 플랜을 갖고 접근해야 할 일도 많이 있다. 하지만 나는 여기서 빠르게 목표를 이루는 법을 알려주고 싶다. 그러기 에 길어도 1년 이내 단기적으로 목표를 이루기 위해서는 오직 하나의 최종목표만 필요하다.

수험생이라면 '최종합격'에 직장인이라면 본인이 몰두할 어 학공부나 자격증 취득 같은 명시적인 하나의 목표를 세우 자. 목표는 꿈과 다르다. 일종의 수단이다. 그러기에 SMART

한 목표설정이 필요하다. 바로 구체적이고(Specific), 측정 가능하며(Measurable), 성취할 수 있고(Action oriented), 현실적이며(Realistic), 시간 계획이 가능한(Time-based) 목표다.

이 중에서 '현실적'이라는 말의 범위는 넓게 잡길 바란다. '내가 이 시험에 올해 합격하는 건 불가능해' 같은 이유를 찾기보다 그 시험에 합격해야만 하는 오직 한 가지 이유를 찾고 그 이유에 집중하자.

'역사는 승자의 기록'이고 '성공하면 영웅, 실패하면 역적'이라는 말이 있듯이 합격하면 현실적인 목표고, 실패하면 비현실적인 목표였던 일로 치부된다. 그러니 현실적이어야 한다는 말에 너무 매이지 않았으면 좋겠다.

그리고 시간 계획은 길어도 '1년'을 기한으로 설정해라. 시간이 많다고 목표를 이루는 것도 아니고 적다고 못 이루는 것도 아니다. 아무리 길게 잡아도 1년으로 설정을 하고 시작해야 한다. 처음부터 너무 길게 잡으면 나태해지기도 쉽다. 최대 1년의 기한을 두고 구체적이고 측정 가능한 오직 하나의 목표를 설정하자. 나는 공부를 시작하던 2014년 5월, 그해 가장 마지막에 치러지는 10월 13일 지방직 7급 합격을 최종목표로 삼았다.

＊＊＊

다시 작은 목표로 나눠라

실컷 목표는 하나만 세우라고 말해놓고 다시 목표를 나누면 목표가 여러 개가 되는 게 아니냐고 반문할지도 모르겠다. 앞서 말했듯 1년이라는 목표도 나를 나태하게 만든다. 1월 1일 계획을 세워놓고 3일쯤 지나 특히 바로 다가온 그해 첫 주 주말이 되면 '오늘 하루 정도 쉬어도 괜찮아'라는 생각으로 다시 작년과 똑같이 살게 된 적이 많지 않은가? 적어도 나는 그랬다. 그래서 최종목표를 세웠으면 다시 세부적으로 나눠야 한다.

나는 5월에 공부를 시작하며 10월 13일 지방직 7급 시험에 합격하는 것이 목표였다. 이 시험과 유사한 것은 국가직 7·9급, 지방직 9급, 서울시 7·9급, 법원직, 국회직, 교육직 등이 있었다. 이 중 내가 시험 보는 과목과 유사하고 시기적으로 맞는 지방직 9급, 국회직 8급, 국가직 7급 시험을 직접 보러 갔다. 가장 처음 치른 국회직 8급 시험으로 내 수준을 확인했고, 이어서 치른 지방직 9급, 국가직 7급 시험을 통해 최종목표인 지방직 7급 시험에 맞춰 공부 전략을 수정했다.

위 시험들은 지방직 7급과 과목은 동일하지만 유형과 난이도는 상이하다. 하지만 강사가 만든 모의고사를 푸는 것보다 그해 실제 출제된 시험을 실전에서 풀어봄으로써 실전 적응력도 높이고, 올해 출제경향과 실제 기출문제를 내 머리에 각인시킬 수 있었다.

최고의 시험 준비 방법은 기출문제를 완벽하게 파악하는 것이다. 기출문제는 문제를 외우는 게 아니라 선택지 하나까지 정오판별을 할 수 있도록 만들어야 한다. 그 방법은 뒤에서 다시 설명하겠다.

또 실전 같은 시험을 통해 과목별로 내가 생각했던 점수가 나왔는지, 그리고 어떤 부분을 보완해야 할지를 판단하는 기준점으로 사용했다. 예를 들어 국가직 7급에서 경제학이 60점이 나왔다. 사실 충격이 컸다. 그렇게 어렵다는 생각은 안 들었는데 점수는 내가 생각한 것보다 너무 낮게 나온 것이다. 대학 등 그동안 공부 방법이 다소 주관식에 맞춰져 있어서 기본적인 정오판별 개념을 모른다고 판단하고 문제집을 바꿨다.

보통 많이 보는 문제집은 양이 너무 많아 시기적으로 1회독조차 어렵다고 판단했고, 얇으면서 기출문제를 분야별로 묶은 책을 찾아 그 책으로 공부를 했다. 최종 합격한 지방직 7급에서 경제학은 75점을 맞았다. 만일 내가 계속 기존의 책을 고수했다면 이보다 낮은 점수를 받았을 것이다. 왜냐하면 경제학은 그 범위가 넓고 계산 문제와 개념 문제가 많아 답이 되는 형태를 자주 반복해야 하기 때문이다.

＊＊＊

앞서 수정 가능한 계획이 완벽한 계획이라고 말한 것은 이러한 이유 때문이다. 시험을 치르며 내가 잘못한 방법은 빠르게 바꿀 수 있는 결단이 필요하다. 작은 목표로 나태함에 빠지지 말고 나에게 맞는 공부법을 만들어나가면 된다.

그리고 이러한 작은 목표는 일종의 단계라고 생각하면 된다. 게임에서도 최종 보스를 깨러 가기 위해서는 수없이 많은 관문을 거쳐야 한다. 이처럼 최종목표로 가기 위해서 하나씩 작은 관문을 거쳐 가는 것이다. 오히려 게임보다 나은 것은 이 관문을 꼭 통과해야만 다음 목표로 나아가는 게 아니라는 점이다. 작은 관문을 클리어 하지 못해도 최종목표를 이룰 수 있다.

이런 작은 목표는 꼭 시험을 치러야만 하는 건 아니다. 객관적으로 측정가능한 지표로 이용하기 가장 쉬운 방법이 시험이기에 이를 예로 든 것이다. 원하는 시험과 관련된 시험이 전혀 없다면 굳이 모의고사를 풀면서 점수를 측정하기보다 내가 보고 있는 기출문제집의 회독 수를 기준으로 삼아도 된다. 한 달 내에 이 문제집을 3회독 하겠다는 것도 작은 목표가 된다. 확실하게 보일 수 있는 수치로 작은 목표를 설정하자.

임팩트 있게
행동하자

나를 관찰하자

계획을 세우는 날 나는 다시 의지를 불태우며 내가 평소 하던 양의 2배 정도는 거뜬히 할 수 있을 거라 생각하며 계획을 세운다. 내일은 순식간에 완전히 새로운 사람으로 바뀔 수 있을 거라 믿기 때문일 수도 있고, 그 정도는 해야 합격할 수 있다는 생각일 수도 있다. 아니면 200퍼센트 정도는 잡아야 적어도 100퍼센트라도 할 수 있다고 믿기 때문일지도 모른다.

어떤 이유에서건 보통 계획을 짜는 날, 나는 완벽한 이상적인 인간이 된다. 하지만 당장 내일 아침에 일찍 일어나는 것부터 실패하는 일이 많다. 그럼 그날 하루는 이미 물 건너갔으니 다시 '내일부터!'라는 생각으로 그날 하루는 사라져버린다. 모든 계획이 내일로 미뤄지는 것이다. 아니면 무리한 계획을 반드시 해내기 위해 당장은 뿌듯하게 보내지만 며칠 지나면 피곤함에 지쳐 다시 계획을 수정할 필요성을 느낀다.

그래서 일주일 정도는 나를 관찰하는 시간을 가져야 한다. 무리하지 않고 행동하되 그래도 내가 공부를 하면 얼마까지 할 수 있는지 측정해보는 것이다. 적어도 일주일을 측정해야 하며, 단순히 내가 무엇을 했는지 서술 식으로 적지 말고 시간 단위로 나눠서 점검해야 한다. 기본 1시간을 기준으로 하되 세밀히 살피고 싶으면 30분 단위로 적는다.

07:00~08:00 기상, 씻기, 아침식사

08:00~09:00 독서실 도착, 긍정적인 마음 만들기(1분),
한국사 공부(선사시대 문제 읽기)

09:00~10:00 한국사 공부(선사시대, 삼국시대 정치 파트 문제 읽기
/ 선사 30, 정치 20)

10:00~11:00 한국사 공부(삼국시대 정치 파트 문제 읽기 / 40문)

11:00~12:00 한국사 공부(삼국시대 정치 파트 문제 읽기 / 37문)

12:00~13:00 점심, 웹툰(OO) 보면서 휴식

13:00 ~ 14:00	한국사 공부(삼국시대 정치 파트 문제 읽기 / 38문)
14:00 ~ 15:00	한국사 공부(삼국시대 정치 파트 문제 읽기 / 42문)
15:00 ~ 16:00	잠시 웹소설 보다가 공부 시작 타이밍 놓침
16:00 ~ 17:00	한국사 공부(삼국시대 경제 파트 문제 읽기 / 32문)
17:00 ~ 18:00	한국사 공부(삼국시대 경제 파트 문제 읽기 / 35문)
18:00 ~ 19:00	저녁, OO과 카톡으로 약속 잡음
19:00 ~ 20:00	운동
20:00 ~ 21:00	운동, 집에 돌아옴, 씻기
21:00 ~ 22:00	OO과 카톡, 인터넷 기사 검색, 웹툰(OO, OO) 봄
22:00 ~ 23:00	드라마 OO 봄
23:00 ~ 24:00	예능 OO프로그램 봄, 잠듦

이것은 매우 단순화된 형태다. 처음 시작할 때 무엇을 공부할지만 생각하고 내가 실제 1시간마다 얼마나 공부했는지 그리고 무엇을 했는지를 기록한다.

지금은 수험생을 예로 들어 매우 단순해 보이지만, 대학생과 직장인이 해본다면 '내가 이렇게 시간을 제대로 쓰지 않고 있었나'라는 생각이 들 것이다. 이렇게 일주일을 관찰해보면, 시간당 내가 그 과목을 얼마나 공부할 수 있는지 정해진다. 그리고 이

* ＊ *

계량화된 수치를 토대로 계획을 짠다.

나에게 맞는 계획 세우기

일주일을 관찰한 결과를 종합해보면 내가 공부하는 평균 시간이
나올 것이다. 처음 측정을 시작하는 월, 화요일은 스스로 측정
을 의식하고 있기에 평소보다 조금 더 열심히 하겠지만 목요일
쯤 되면 내가 평소 할 수 있는 공부의 양만큼 할 것이다.

앞 예에서 보면 오전 3시간 30분, 오후 4시간, 평균 7시간
30분 정도 공부를 했다. 전업 수험생을 기준으로 볼 때, 공부한
시간은 적다. 공부의 질도 중요하긴 하지만 기본적인 양도 중
요하다. 전업 수험생이라면 평균 10시간은 공부를 해야 한다.
오전 3시간 30분, 오후 4시간, 저녁 2시간 30분을 기본으로 삼
자. 7시간 30분 공부하던 사람이 당장 10시간으로 늘리기는 쉽
지 않겠지만, 3주 안에 10시간까지는 늘려나가야 한다.

공부하려고 앉아도 집중이 잘 되지 않고 앞 예에서처럼 중간
에 스마트폰을 보며 딴짓하는 데 뺏기는 시간이 많다면, 관리형
독서실을 등록하자. 공부하는 습관부터 만들어야 한다. 스스로
공부할 때 힘든 점이 공부 시간과 휴식 시간이 분리되어 있지

않아 자칫 쉬는 시간이 너무 길어질 수 있다는 점이다. 따라서 10시간의 공부 시간이 관찰을 끝내고 새롭게 계획을 세운 그다음 주에도 잘 지켜지지 않는다면 관리형 독서실 등 나에게 강제 장치를 마련해서 공부 시간을 최대한 늘린다. 공부를 아무리 적게 해도 전업 수험생이라면 최소 10시간 이상은 공부하도록 만들어야 한다.

10시간 이상 공부 시간을 확보했다면 과목별 공부량을 점검해보아야 한다. 한국사를 공부할 때, 평균 1시간에 30문제를 공부했다면, 그다음 한국사를 공부할 때는 1시간에 40문제 이상을 공부하는 것을 목표로 한다. 즉 점차 속도를 높이는 것이다. 권장하는 속도 증가 폭은 1.2배다. 우선 공부했던 문제를 다시 보기 때문에 속도는 충분히 올릴 수 있다. 하지만 높은 속도에 집중하면 정작 공부에 대한 집중이라는 본질이 흐려질 수 있다. 그래서 전보다 높은 속도로 문제를 공부하되 조금씩 단계적으로 높여간다.

우선 공부 시간을 확보한 후에 그 안에서 속도를 높이며 문제 수를 늘려나가야 한다. 문제 수를 늘리는 이유는 반복 시간을 줄여 횟수를 높이기 위함이다. 천천히 공부하며 한 번에 100퍼센트를 이해하려 하지 말고 속도를 올려 반복 횟수를 늘리도록 계획을 짜야 한다.

* * *

할 수 있는 하나부터 시작하자

처음부터 너무 많은 것을 시작하려 하면 아무것도 하지 못한다. 작아 보여도 지금 당장 시작할 수 있는 하나를 찾아서 그 하나부터 시작을 해야 한다. 겨우 이걸 시작하는 게 대체 무엇이 바뀌겠냐고 되물을지도 모르겠다. 하지만 작은 것도 시작하지 않는 사람이 큰일을 시작할 수 있을까? 설사 시작한다 하더라도 십중팔구 흐지부지 끝날 가능성이 높다.

세상에 큰일만 잘 해내는 사람은 없다. 작은 일이 모여 큰일이 되는 것이지 단순히 큰일 하나가 하늘에서 뚝 떨어져 이걸 한 번에 해결해야 하는 일은 없다는 의미다. 스테이크를 먹을 때 조각을 내듯이, 큰일을 해결하려면 하나하나 쪼개어 각개격파를 해야 일을 쉽게 처리할 수 있다.

또 큰일을 바로 시작하려 하면 오히려 몸이 굳고 나중에 하자고 미루기 시작하다 결국에는 포기하게 될 가능성이 더 높아진다. 그래서 작더라도 할 수 있는 단 하나를 찾아서 시작해야 한다. 지금 시작할 이 작은 일이 나중에는 자기가 이루고자 하는 목표를 이루어가는 데 초석이 될 것이다.

그렇다면 얼마나 작아야 작은 일이라고 말할 수 있을까? 사람마다 느낌의 차이는 있겠지만 내 생각에는 '이거라면 지금 당장 시작할 수 있는 일이야'라고 느끼는 정도의 수준이라면 충분하다. 『아주 작은 반복의 힘』에는 하루에 30분은 운동을 해야 한다고 레지던트에게서 조언을 받는 한 여성의 이야기가 나온다. 그여성이 30분의 시간을 낼 수 없다고 화를 내려는 순간 저자 로버트 마우어는 하루에 1분씩 텔레비전 앞에서 걸어보라고 제안한다. 그 정도는 할 수 있다며 흔쾌히 수락한 여성은 다음 방문때 매일 밤 텔레비전 앞에서 1분 정도 걷는다고 말했고 나중에는 "하루에 1분씩 더 할 수 있는 게 또 없겠냐?"는 긍정적인 물음을 건넸다. 그리고 천천히 건강한 삶을 향해 나아갈 수 있도록 운동습관을 들였고 몇 달이 지나지 않아 그녀는 체계적인 운동을 시작했다.

하지만 부디 이 일화를 보면서 난 하루에 1분만 공부하겠다고 마음먹지는 않길 바란다. 위 일화는 아주 작은 일로 시작하는 것이 성공을 이끌 수 있다는 예시이고, 우리는 단기간에 목표를 이루어야 하기 때문에 좀더 많은 시간을 집중적으로 투자해야 한다. 그럼 대체 어떤 작은 일부터 시작해야 할까? 지금부터 그 방법을 찾아보자.

첫째, 지금 바로 시작할 수 있어야 한다. 바로 시작 가능하다는 건 오늘 바로 할 수 있다는 뜻이다. 내일 꼭 시작해야 하는 일은 지금 할 수 있는 일이 아니다. 보통 계획은 일찍 일어나기부터 시작된다. 물론 일찍 일어나면 좋겠지만 그 하나가 틀어졌다고 뒤를 포기하는 일들이 생길 수 있다. 내일부터 해야 무언가 깔끔하게 시작될 것 같다는 그런 느낌적인 느낌으로 오늘 하루가 사라져버리는 것이다. 그러기에 지금 바로 시작할 수 있는 일 한 가지부터 시작해야 한다.

둘째, 간단해야 한다. 복잡하게 여러 가지를 혼합하여 어떤 절차를 만들지 말고 간단하게 바로 표현되어야 한다. 예를 들면 '지금 바로 책상에 앉는다', '지금 도서관에 간다', '지금 스마트폰을 보지 않는다' 등 간단명료하게 하나의 문장으로 나오는 것이 가장 좋다. 굳이 이것저것 다 넣으려다 시작조차 하지 못하는 우를 범하지는 말길 바란다.

셋째, 작은 보상을 해준다. 아무리 쉬운 일이라도 성공하면 내가 원하는 작은 보상을 바로 해주는 것이 좋다. 그래야 습관으로 만들기가 쉽다. 어떤 행동에 대한 보상은 그 행동을 강화하는 장치가 되기 때문이다. 우선 자기에게 맞는 작은 보상을 찾아야 한다. 나는 시작한 일이 끝나면 오늘 보고 싶었던 웹툰을 1개 보았다. 물론 여기서 중요한 것은 절제라는 덕목이 발휘되어야 한다. 만일 절제하기 힘든 보상이라면 일정 시간이 경과하거나 오늘 일과가 끝날 때 보상을 하면 된다. 예를 들어 책상에 앉았다고 바로 웹툰을 보는 보상을 하면 사실 앉은 이유가 사라질 수도 있다. 그런 경우에는 차라리 일과를 다 끝내고 이 걸 해주겠다고 스스로 약속하고 이를 지킨다면 이 역시 행동을 강화는 보상으로 작용할 수 있다. 이런 원칙에 따라 바로 시작할 수 있는 나만의 '할 수 있는 하나'를 찾아보자.

보상 장치를 두자

앞서 즐거운 마음으로 공부를 시작하지만 이에 대한 효과를 극대화하기 위해서는 보상 장치가 필요하다. 부정적인 마음 상태에서 시작한 일에 보상을 준다고 해도 그 일이 좋아지지는 않는다. 앞서도 말했지만 어떤 시험에서 평균 90점 이상을 받으면 갖고 싶었던 물건을 사주기로 부모님과 약속을 하고 시험공부를 해본다고 가정하자. 갖고 싶었던 물건을 원하는 정도에 따라 공부를 지속하는 힘이 달라지고 또 실제 성취될 수 있는지도 갈릴 수 있다. 하지만 그렇게 이른바 다른 사람들이 말하듯이 열심히 한다고 해서 공부 그 자체를 즐기면서 좋아하기는 어렵다. 부정적인 마음 상태에서 보상은 인내할 수 있는 마음을 조금 길어지게 해주지 고통의 원인을 제거하지는 못한다.

따라서 가장 중요한 것은 긍정적인 마음 상태에서 공부를 시작하는 것이다. 1분 동안 계속 나는 공부하는 것을 좋아한다고 되뇐다. 1분이라는 시간을 스스로 알긴 어려우니 스마트폰에 스톱워치 기능을 활용하자. 나는 눈을 감고 말을 하며 내가 공부를 좋아하지 않게 된 원인의 해결책과 함께 "나는 공부를 좋아한다"고 말하고 나서 공부를 시작했다. 본인의 성격이나 환경에 따라 말로 내뱉기가 정말 어려우면 글로 써도 되지만 될 수 있으면 내 귀에 들리는 말로 하길 권한다. 그리고 꼭 시간을 정해두고 하나의 의식처럼 시작하자. 식사를 하기 위해 수저를 들듯이 아무런 거리낌 없이 시작하면 된다.

그렇게 긍정적인 마음 상태로 공부를 시작하면서 이를 계속 강화하기 위해서는 나에게 주는 긍정적인 보상이 필요하다. 꼭 물건을 살 필요는 없다. 나에게 활력을 주고 내가 하고 싶은 일을 하게 해주는 것, 내가 기뻐한다면 그게 바로 보상이다.

나는 웹툰이나 웹소설을 좋아한다. 학창 시절에는 '만화책 1화'를 보상으로 삼았다. 예를 들어 목표했던 만큼 공부를 하면 '만화책 1화'를 보는 방식이다. 1화는 양이 적다고 느낄 수 있기에 목표했던 양이 많으면 그 양은 늘려주기도 했다. 하지만 이때 주의할 점은 본인의 자제력이 얼마나 되느냐다. 그래서 요즘에는 '기다리면 무료'라든지 딱 1화만 볼 수 있는 웹툰이나 웹소설을 이용한다. 1화를 보고 나면 내가 결제를 하지 않는 이상 다음 화를 볼 수 없다. 결제를 해서라도 다음 화를 보는 사람들은 다른 방법을 찾아야 한다. 좋아하는 간식을 먹거나 반신욕을 해도 좋고, 기분이 좋아질 만한 것을 보상 장치로 만들어 더 긍정적인 마음 상태로 공부를 시작할 수 있도록 해서 완벽한 선순환 구조를 만들어낸다.

임팩트 있는
하루를 보내자

하루에 한 과목만 집중하자

매우 단순해 보이지만, 이래도 되나 싶은 두려움으로 쉽게 실천하지 못한다. 특히 종합반을 다니는 수험생이라면 이렇게 하고 싶어도 하지 못한다. 오전, 오후, 저녁 모두 다른 과목을 듣고 오면 복습을 해야 내 것이 되기에 그 과목들을 다 복습하려 든다. 그러면 하루에 한 과목만 공부할 수 없다. 가장 최악은 학원 수업을 들은 것에 만족하고 복습조차 하지 않는 것이다.

가장 권할 만한 방법은 학원 대신 도서관이나 독서실에 가서 혼자 공부하는 것이다. 하지만 자기가 스스로 공부를 도저히 할

제3장 노하우

※ ✳ ※

것 같지 않으면 관리형 독서실에 가거나 가장 자신 없는 과목만 단과반으로 학원 수업을 듣길 바란다. 학원 종합반 수업을 들으면 마음에 안정감이 있을진 모르겠지만 실제 내가 공부할 수 있는 양이 너무나 부족해 단기 합격의 가능성은 멀어져 버린다.

혼자 공부를 시작하면 공부할 시간이 많아 보인다. 그리고 이 것저것 모든 과목을 하루에 한 번은 봐야 안심이 될 거 같아 이 것저것 다 공부하다 하루가 가버릴 수 있다. 하지만 그 불안감을 떨쳐내야만 한다. 한 과목이 끝날 때까지 그 과목만 공부하는 것이 가장 효율적이다. 하루에 여러 과목을 공부하면 그 과목에 대한 이해력과 몰입이 떨어지고 집중력도 낮아진다.

기초가 전혀 되어 있지 않은 과목을 처음 시작하면 어떤 과목은 정말 무슨 말인지 모를 때가 있다. 용어조차 외계어처럼 느껴진다면 어느새 그 과목은 그만 공부하고 다른 과목을 공부하기 쉽다. 그렇게 회피할수록 그 과목을 이해하기 위해 걸리는 시간은 더 오래 걸린다.

대부분의 과목은 첫 장과 마지막 장이 서로 연결되어 있어 앞을 이해하고 보아야 뒷내용을 이해하기 쉽다. 반대로 앞에서 잘 이해하지 못했지만 뒷내용을 보면서 앞의 내용이 이해되는 경우도 있다. 특히 법학이 그렇다. 단편적으로 보면 용어도 외계어 같고 무슨 말인지 알기 어렵지만, 앞에서 잘 이해가 가지 않더라도 마지막 장까지 1회독 하면 앞뒤가 서로 유기적으로 연결되기 시작한다. 그리고 중요한 판례는 여러 내용이 담겨 있어 뒤로 넘어가야 앞에서 본 판례가 온전히 이해되는 경우도 많다.

이처럼 공부라는 건 하나에 온전히 집중해야 그 과목을 이해하기가 더 쉽고 기억에도 오래 남는다. 그러기에 처음 시작할 때 다소 힘들어 포기하고 싶더라도 그 과목이 끝날 때까지는 그 과목에만 집중해서 1회독 하자.

하루에 7교시 수업을 듣는 중·고등학생들, 적어도 하루 2~3과목은 듣는 대학생들은 하루에 한 과목만 공부하라고 하면 나머지 과목은 어떻게 하냐고 되묻는다. 빠듯하겠지만 오늘 들은 수업에 대한 복습은 그 과목을 듣고 난 직후 노트 정리를 하고, 남는 자습시간에 공부를 더 한다면 이것저것 돌려보지 말고 한 과목만 온전히 공부하라는 것이다. 하루 동안 모든 과목을 봐야 한다는 강박관념에 사로잡히지 말자.

하루 한 과목 1회독, 누구나 가능하다

하루 한 과목 1회독, 누구나 충분히 할 수 있다. 그리고 실제 합격하는 사람들 중 마지막에는 하루 한 과목 1회독을 했다는 사람이 종종 있다. 공무원 시험 기본서는 보통 최소 500쪽에서 많게 는 1,000쪽이 넘어가는 것도 있는데, 이걸 어떻게 하루 만에 1회 독 할 수 있을까?

이것이 가능한 이유는 첫째, 양을 줄여가며 공부할 것이기 때 문이다. 1회독을 거듭하면서 매번 처음부터 끝까지 공부하는 게 아니라 아는 부분은 과감히 건너뛰는 것이다. 아는 문제를 계속 볼 필요는 없다. 뒤에 설명하겠지만 나는 기출문제집을 기본서 처럼 보라고 권하고 싶다. 그러면 처음에는 책을 읽듯 어떤 문 제가 나오는지 살펴본 다음에 실제 하나씩 문제를 풀면서 보기 시작할 때는 확실히 아는 것은 아예 보이지도 않게 줄로 그어서 삭제해야 한다. 그렇게 하나하나 삭제를 하면 뒤에 남는 양은 처음과 비교하면 확연히 줄어든다.

둘째, 정독에 집착하지 않아야 한다. 1회독으로 모든 것을 암 기해야 한다고 생각하는 듯 읽기를 매우 공을 들여 천천히 하는 사람들이 있다. 하지만 천천히 읽든 빠르게 읽든 어차피 1회독 만으로 모든 것을 암기하기는커녕 이해하기도 힘들다. 배경지식이 없는 경우 더욱 그렇다. 처음 1~2회독을 할 때는 소설이나 만 화책을 보는 느낌으로 이런 용어나 문장이 있구나 하면서 빠르 고 쉽게 읽어나가야 한다. 한 글자 한 글자 공을 들이며 1회독을 하는 것보다 빠르게 3회독 하는 것이 훨씬 낫다. 1회독으로 공부를 완벽히 끝내려 하지 말자.

셋째, 내게 맞는 책을 고르자. 처음 보는데 이 책 정도는 읽어야 합격한다는 말 때문에 다소 수준이 높은 책을 억지로 잡는 경우가 있다. 물론 처음 읽으면 다 어려워 보여서 어떤 책도 내 수준에 맞지 않다고 여길 수는 있다. 하지만 대개 어렵다는 책과 쉽다는 책의 평은 쉽게 알 수 있다. 그런 평도 믿을 수 없거나 잘 모르겠으면 차라리 얇은 책을 선택해라. 두꺼우면 모든 걸 커버할 수 있는 건 맞다. 하지만 그만큼 지치기도 쉽고 너무 많은 것을 서술해서 오히려 헷갈릴 수 있다.

어떤 책을 고를지 잘 모르겠으면 다소 얇은(800쪽 미만) 최신 기출문제집을 선택하는 것이 낫다. 처음 공부하는 과목일수록 처음에는 오히려 최신 기출문제만 다룬 얇은 기출문제집을 선택하자. 최근 트렌드와 핵심을 우선 파악해서 대략적인 내용을 알고 그 뒤에 필요하면 두꺼운 책으로 넘어가면 된다. 처음부터 이 책 한 권이면 다 된다는 백과사전 같은 책은 피해라.

넷째, 한 번에 이해할 수 없음을 받아들이자. 이해가 되지 않으면 다음 진도로 넘어가지 못하는 사람들이 있다. 하지만 그런 경우 사실 앞부분에 힘을 다 쓰고 뒤로 갈수록 공부에 대한 재미를 더욱 잃어버리고 결국 마지막 장은커녕 중도에 그만두는 경우도 많이 발생한다. 수학은 집합만 알고, 한국사는 선사시대까지만 안다는 말이 괜히 있는 게 아니다. 특히 한국사의 마지막 장인 근현대사는 선사시대보다 외울 게 훨씬 더 많은데 이미 앞에서 진을 다 빼서 근현대사에 도달하지 못하거나 암기가 되지 않아 버리는 문제로 두는 경우도 많이 발생한다.

그러니 시작할 때부터 모든 걸 이해하려고 한 글자 한 글자에 매몰되지 말고 소설 읽듯이 빠르게 읽어나가자. 그렇게 공부하면 머리에 남는 게 있냐고 걱정하지 마라. 읽으면서 바로 이해되지 않는 부분은 천천히 봐도 완전히 이해하기 어렵다. 그 부분에 대한 기본적인 이해가 부족하기 때문이다. 그리고 과목별 특성이 있지만 뒷부분을 공부해야 앞이 이해되는 경우도 많다. 모든 과목은 칼로 자르듯이 챕터가 나뉘는 것이 아니라 서로 연계되어 있기 때문이다. 그래서 1회독을 하며 전체적인 큰 그림을 보아야 입체적으로 그 과목이 이해가 되기 시작한다.

처음부터 한 번에 모든 것을 다 외우고 다음에 볼 때 모든 것이 기억나기를 바라는 것이 잘못된 것이다. 빠르게 전체적으로 살펴보면서 앞뒤 흐름을 파악하며 계속 반복하고 확실하게 아는 것을 지워가기 시작하면 마지막에는 충분히 하루 한 과목 1회독, 더 나아가면 시험 하루 전에 전체 과목 1회독까지 충분히 가능하다.

한 줄 성장일기를 쓰자

일기를 쓰라고 하면 숙제처럼 느껴져 부담이 되기도 할 것이다. 학창 시절 방학 때 쓰는 일기 외에는 다들 일기를 잘 쓰지 않는다. 물론 새해 첫날에는 많이들 쓰기 시작하지만 그걸 평생 습관으로 가져가는 사람은 많지 않다. 그러나 하루를 어떻게 보냈는지 돌아볼 필요가 있다.

공부를 지속하는 게 힘든 까닭은 내가 성장하는 게 바로 보이지 않기 때문이다. 라면을 끓이기 위해 물을 올렸을 때, 물이 언제 끓을까 싶지만 일정 시간이 지나 물의 온도가 100도가 되면 물이 끓을 거라는 것을 우리는 알고 있다. 그렇게 알고 있으면 기다릴 수 있다. 물이 왜 이렇게 끓지 않냐며 불을 껐다가 다시 켜보거나 냄비를 바꾼다 한들 물이 끓는 순간은 더 늦어지기만 할 것이다.

성적도 이처럼 어느 순간 비약적으로 성장한다. 그때를 기다리다 지쳐서 많은 사람이 포기하는 것이다. 그래서 하루에 한 줄만이라도 내가 무엇을 했는지 성장일기를 써야 한다. 성장일기는 거창하게 쓸 필요도 없다. 하루를 마감하면서 오늘 내가 무엇을 했는지 한번 생각해보고 그걸 기록해나감으로써 공부를 지속할 수 있는 힘을 더해주는 도구로 활용하면 그뿐이다. 무엇을 적어야 할지 고민하는 게 스트레스가 되어서는 안 된다. 무 엇을 써야 할지 떠오르지 않는다면, 처음에는 그냥 오늘 공부한 것을 적어보자. 이때 주의할 점은 그저 얼마만큼 공부했는지 적 어서는 안 된다는 것이다. 예를 들어 한국사 150~300쪽 이런 식으로 분량만 적지 말고 '한국사 고려시대 정치, 경제, 사회, 문화 파트를 공부함(150~300쪽)'과 같이 오늘 공부한 것이 무엇 인지 구체적으로 적어보자.

이렇게 한 달 정도 지나 성장일기를 적는 것에 익숙해진다면 그다음부터는 내가 성장했다고 느끼는 점에 대해 적어보자. 예 를 들면 이제 2회독 했다면 1회독 때보다 이 부분에 대해 이해 가 더 잘 간다는 식으로 느낌을 적는 것이다. 처음 공부하는 과 목에 대해 내가 쉽사리 어제보다 성장한 무언가를 적기는 힘들 다. 하지만 1회독을 지나 3회독이 되면 내가 그때보다는 이 과 목에 대해 이런 부분이 더 이해가 잘 된다는 식으로 스스로 성 장한 부분에 대해 느끼는 점이 생길 것이다. 그러면 그 느낌에 대해 적기 시작한다. 그리고 다시 한 번 강조하지만 구체적으 로 적어야 한다. 적을 때도 '1회독 때보다 더 이해하기 쉬워짐' 과 같이 추상적인 표현이 아니라 '고려시대 백정이 조선시대 백 성과 동일한 의미로, 백정의 단어 뜻이 변화하였음을 알게 됨'과 같이 구체적으로 서술하자.

구체적인 성장일기는 내가 계속 공부를 지속하는 데 큰 힘이 된다. 가장 처음 긍정적인 마음 상태에서 공부를 시작하고 이를 유지하기 위해서 적절한 보상과 함께 자신이 성장하고 있는 모습을 느낀다면, 다시 긍정적인 마음으로 공부할 수 있는 선순환 구조가 형성된다.

하루 한 줄만 써보자. 어제보다 더 나은 오늘의 내가 되는 것을 스스로 느껴보자.

임팩트 있는
무기를 챙기자

자신 있는 과목 더 자신 있게 만들기

자신 있는 과목은 시험을 칠 때 안정감을 주고 그 점수에 따라 합격 가능성을 높여주는 중요한 요소다. 어떤 사람들은 나는 공부에 자신이 없어서 그 어떤 과목도 내게 무기가 되지 못한다고 말할지 모르겠다. 하지만 그렇게 말하는 사람도 시험을 쳐보면 내 평균점수를 높여주는 과목이 있고, 평균점수를 낮추는 과목이 있다. 그래도 그 어느 과목에도 자신감이 생기지 않는다면, 평균점수를 높여준 과목을 자신 있는 과목으로 생각해보라. 모든 과목에 동일한 점수를 받는 일은 드물지 않은가.

＊＊＊

이처럼 여러 과목으로 시험을 치는 사람들은 스스로 느끼는 자신 있는 과목이 없는 경우에도 평균점수를 높여주는 과목을 자신 있는 과목으로 생각하면 된다. 하지만 TOEIC처럼 단일 과목 시험이라면 어떻게 자신감을 키워야 할까? 이런 단일 과목 시험도 사실 세부적으로는 LC(리스닝)와 RC(리딩)로, 다시 PART 1~7까지 나뉜다. 그중에는 사람마다 다른 파트보다 더 잘해내는 파트가 분명 있다.

이렇게 찾은 자신 있는 과목은 '무기'로 만들어야 한다. 말 그대로 시험이라는 적을 쓰러트릴 수 있는 나만의 비장의 카드다. 나는 어릴 적 삼국지 게임을 좋아해서 삼국지 시리즈 게임을 많이 했다. 게임 속 장수들의 진법과 병종, 필살기를 보면 각자 다 다르다. 다들 같은 방식으로 잘 싸우는 게 아니라는 말이다. 남들이 잘하는 건 나도 잘해야 한다는 부담을 버리고, 내가 가장 자신 있는 과목을 내 필살기로 삼아 적을 무찌를 수만 있으면 되는 것이다. 여기서 주의할 점은 자신 있는 과목 그 자체가 바로 나의 무기가 되는 것은 아니다. 하지만 점수를 비교해서라도 자신 있는 과목을 찾으라고 하는 이유는 자신 있는 과목이 나의 무기가 될 가능성이 가장 높은 과목이기 때문이다.

자신 있는 과목을 가장 먼저 공부하자. 처음 공부에 재미도 붙이고 습관도 만들기 위해서는 스스로 흥미를 가질 수 있도록 환경설정을 해나가야 한다. 내가 좋아하지 않는 과목부터 시작하면 오히려 공부를 그만하고 싶을 것이다. 그러기에 처음 공부를 시작할 때 위에서 찾은 자신 있는 과목부터 우선 공부를 시작하자. 가장 좋아하는 과목부터 시작해서 하루에 한 과목만 공부하면 된다.

자신 없는 과목에 발목 잡히지 말자

자신 있는 과목에서 합격 커트라인을 넘는 안정적인 높은 점수가 나오도록 만들면 시험의 합격 가능성을 높이는 데 도움을 준다. 100점을 기준으로 본다면 난이도에 따라 변동은 있을 수 있지만 안정적으로 90점을 넘기도록 만든다. 다시 한 번 말하지만 100점을 받으면 좋겠지만 100점을 받기 위해 지나치게 노력할 필요는 없다. 모든 과목에서는 만점방지용 문제가 나오기 마련이고, 그 문제를 맞히기 위해 더 노력하기보다는 오히려 자신 없는 과목에 발목 잡히지 말아야 한다.

자신 없는 과목을 말해보라고 하면 "전부 다요"라고 시니컬하게 말하는 경우를 많이 봤다. 자신 있는 과목을 말하라고 할 때는 그렇게 주저하고 고민하더니 자신 없는 과목은 아주 당당히

＊＊＊

전부 다 자신 없다고 말한다. 그런 마음부터 부디 바꿨으면 좋겠다. 곰곰이 생각해보면 꼭 자신 있는 과목이 아니더라도 '할 만하다, 해볼 만하다'고 여길 만한 과목은 충분히 있을 것이다.

그럼 자신 없는 과목에 대해 본격적으로 이야기해보자. 자신 없는 과목을 '하나만' 떠올리기가 힘들면, 과목별로 순위를 한번 매겨보자. 점수에 따라 순위를 매기는 게 아니라 내가 그 과목에 느끼는 친밀도나 애정도로 측정해보자. 점수가 높지 않아도 재미있는 과목이 충분히 있을 수 있다. 점수와 관계없이 그저 배우는 게 즐거운 과목을 찾는 이 과정은 전혀 이상할 게 없고 오히려 공부의 본질에 합당한 이야기다. 이렇게 친밀도로 순위를 매기고 나서 가장 마지막에 있는 그 과목을 떠올려보자.

나는 영어가 가장 자신 없었다. 학창 시절부터 그랬다. 못한다 생각하니 더 하고 싶지 않았고 항상 영어에 발목을 잡힐까봐 모든 시험에서 불안했다. 차라리 영어를 일정 점수만 넘기면 되는 시험이면 상황은 낫다. 하지만 내가 공무원 시험을 볼 때는 영어도 함께 시험을 쳤고, 영어 점수는 합격의 당락을 가른다는 말이 있을 정도로 중요한 과목이었다. 그래서 부담이 정말 컸다. 하지만 이 과목을 당장 자신 있게 만들어 내가 정말 잘 할 수 있는 과목으로 만들지는 못한다 할지라도 적어도 발목을 잡히고 싶진 않았다. 그래서 그 과목의 공부 순서는 맨 마지막에,

그러나 바로 연달아 2회독을 했다.

과목 순서 정하기

총 7과목을 가장 자신 있는 과목부터 자신 없는 과목까지 순서대로 나열하면 A, B, C, D, E, F, G 순이라 하자. 그렇다면 공부 순서도 가장 자신 있는 과목부터 1회독씩 한다. A → B → C → D → E → F → G 순으로 1회독씩 하고나면 그 다음에는 G → F → E → D → C → B → A 순으로 다시 1회독 해서 돌아오는 것이다.

이렇게 공부할 때 장점은 첫째, 자신 있는 과목부터 시작하기 때문에 공부를 좋아하도록 만드는 데 도움이 될 수 있다. 둘째, 가장 자신 없는 과목을 더 빠르게 복습함으로써 복습의 효과를 최대로 높인다. 가장 자신 있는 과목은 더 긍정적인 상태에서 공부를 했기 때문에 복습 시기가 다소 늦어져도 자연스럽게 암기가 된다. 다시 정리하면, A → B → C → D → E → F → G → G → F → E → D → C → B → A 순으로 공부하여 과목별로 2회독 한다.

자신 없는 과목을 실제 시험장에서 만나면 사실 처음에 위축

＊ ＊ ＊

되는 느낌이 커서 실력 발휘를 제대로 못하는 경우가 발생한다. 때문에 실전에서 자신 없는 과목에 발목 잡히지 않기 위해서는 자신 없는 과목을 다른 과목보다는 더 많이 보면서 나에게 안정감을 주어야 한다.

그리고 순서대로 2회독을 한 다음 3회독을 시작할 때는 다시 과목을 점검해서 과목별 순서를 바꾸어도 된다. A → B → C → D → E → F → G 순으로 공부했으면 그다음도 똑같은 순서로 공부해야 한다는 강박관념은 버리자. 공부를 본격적으로 해보거나 시험을 쳐보면 과목별 점수나 호감도가 변할 수 있다. 막상 해보니 과목 D가 과목 C보다도 더 좋다는 생각이 든다면, 다시 3회독을 시작할 때 이젠 순서를 바꿔서 시작하면 된다. A → B → D → C → E → F → G → G → F → E → C → D → B → A 순으로 가는 것이다. 다만 주의할 점은 3회독 하고 마음이 바뀌었다고 해도 다시 돌아올 때의 순서는 동일해야 한다. 그래야 과목별 복습 타이밍이 비슷해지기 때문이다.

가장 자신 있는 과목 A와 가장 자신 없는 G도 충분히 순위가 바뀔 수 있다. 이렇게 4회독이 끝나고 나면 최소 두 달은 지나간다. 그리고 중간 중간 모의고사나 유사한 시험을 쳐보면 본인의 중간 실력점검 결과를 보고 다음 회독이 시작될 때 그 순서를 바꾸면서 탄력적으로 순서를 정해간다. 그렇지만 부디 점수만으로 순서를 정하지 말고 반드시 내가 그 과목에 대해 느끼는 호감도로 정하기 바란다. 그렇게 해야 공부에 대한 긍정적인 마음 상태를 유지하는 데 더 큰 도움이 된다는 점을 한 번 더 강조하고 싶다.

나는 영어를 G에 두고 반복했다. 그리고 영어는 마지막 한 달 동안은 하루에 일정 시간을 빼서 정해두고 반복적으로 공부했다. 원래 하루에 한 과목만 공부하는 것이 원칙이지만, 자신 없는 과목이라 최종 시험 때 떨지 않고 공부한 만큼 실력을 발휘하도록 만들기 위해 공부 시간을 조금 더 늘리며 1시간은 꾸준히 영어 공부를 했다. 자신 없는 과목은 계속 반복해서 내게 안정감을 주어야 한다.

임팩트 있게
핵심을 파악하자

기출문제집부터 읽어라

예를 들어 공무원 시험 기본서는 과목에 따라 다르지만 얇아도 500쪽이 넘고 두꺼운 책은 1,000쪽을 능가할 정도로 백과사전처럼 방대한 양을 자랑한다. 이 중 그나마 얇은 편인 500쪽 정도 되는 기본서를 내가 꼼꼼히 읽어 1회독을 한다고 상상해보자. 기억에 얼마나 남아 있을 것 같은가? 한 쪽이라도 완벽하게 기억나는 독자가 있다면 그는 이 책을 덮어도 될 것 같다. 그 정도 기억력이라면 암기과목 위주 시험에 합격하는 데 별다른 어려움이 없을 것이다. 그러나 우리 대부분 그런 정도의 기억력을 갖고 있지 않다. 기본서를 아무리 꼼꼼히 읽어도 기억하기 어려우니, 기본서가 아니라 기출문제집부터 공부를 시작하자.

기본서도 읽지 않은 상태에서 기출문제집을 보라는 말이 의아할 수도 있다. 그러나 기본서를 열심히 반복한 다음에 기출문제를 풀고 이어서 심화문제를 푸는 것은 공부하는 사람의 마음을 안심시키기 위한 정도(定度)이지 '공부의 정도(正道)'는 아니다. 그리고 처음에 기출문제를 보라고 했지, 풀라고는 아직 말하지 않았다. 1~2회독은 분야별 기출문제집을 읽어보면서 어떤 부분에서 기출이 많이 되었는지 파악하고 용어에 친숙해져야 한다. 기출문제집을 읽으면 기출문제 수가 많고 자주 반복되는 지문이 보인다. 반복되는 단어, 문장, 그리고 목차 안에서도 가장 문제가 많은 부분이 시험에 늘 나오는 이른바 A급 문제다. 빠르게 읽어가면서 어떤 문제가 어떻게 나오고 또 많이 나오는지를 파악하는 것이 『손자병법』에서 말하는 '지피지기 백전백승'에서 '지피(적을 알아가는 중)'의 단계인 것이다.

기본서에는 일반적으로 강약이 없다. 요즘은 친절하게 기본서에도 A~D로 등급을 나누어 빈출 부분과 아닌 부분을 표시해주고, 중요한 단어는 블록도 지정해서 눈에 들어오게 해주기도 한다. 그래도 실제 문제가 어떤 방식으로 어떻게 나오는지 모르는 상태에서 기본서를 읽는 것은 목적지 없이 표류하는 항해를 하는 것이다.

정리하면, 강사가 쓴 분야별로 구성된 기출문제집을 선택한
다. 이때 문제 바로 밑이나 옆에 해설이 있는 책으로 고른다. 선
택한 기출문제집을 읽어보고 이 책이 잘 맞는다는 생각이 든다
면, 기출문제집을 쓴 그 강사가 쓴 기본서를 택한다. 그리고 문
제를 풀면서 아는 문제나 지문을 지워나가기 시작하는 3회독부
터 계속 이해가 가지 않는 부분을 사전처럼 발췌독하면서 기본
서를 활용한다.

선택지와 해설이 기본서다

기본서로 나와 있는 책을 사전처럼 찾아보는 데 쓴다면 실제로
공부할 때는 무엇을 기본으로 봐야 할까? 바로 기출문제집에 있
는 문제와 해설이다. 그래서 기출문제집을 고를 때, 문제 바로
밑이나 옆에 해설이 있는 가독성이 좋은 책을 고르라고 권하는
것이다. 그래도 기출문제부터 공부하는 게 망설여진다면 다시
한 번 잘 생각해보자. 기출문제는 이미 실제 시험에 나온 문제
다. 그런데 정작 시험을 치러야 하는 사람들은 답을 미리 보여
주는 기출문제를 지나치게 아껴두는 경우가 많다. 마지막에 자

신의 실력을 점검한다며 풀지 않는 경우도 봤다. 가장 먼저 보아야 할 문제를 가장 마지막에 한 번 쳐보기만 하고 간단한 오답처리 정도만 살피고 또 다른 문제를 찾아가는 경우가 부지기수다. 이건 정말 잘못된 방법이다.

기출문제를 반복해서 공부하고 시험을 쳐보면 더 와닿을 것이다. 작년에 틀린 지문으로 나온 선택지가 올해는 맞는 지문으로 나올 수도 있고, 정말 똑같이 반복되는 기출문제 지문도 심심찮게 반복된다. 대학에 가면 시험 족보를 찾아 헤매면서 왜 다른 시험에서는 이미 나와 있는 시험 족보인 기출문제를 두고 다른 새로운 문제만 찾아 헤매는지 모르겠다. 시험점수 100점을 기준으로 본다면, 최소 60점은 기존에 나왔던 문제에서 거의 크게 벗어나지 않는다. 그리고 20점은 조금 응용해서 나온다. 그리고 10점은 신유형을 내고, 10점은 만점방지용으로 문제를 아주 어렵게 구성한다. 기출문제만 정확히 알고 들어가도 절대 과락으로 불합격할 가능성은 없다. 신유형이나 만점방지용을 대비하는 것보다 기본점수로 최소 60점을 우선 확보해야 한다. 특히 자격증 시험은 60점만 넘어도 합격하는 데 지장이 없는 경우가 많다. 즉 기출문제만 공부해도 합격할 수 있다.

그리고 다소 어렵게 출제되거나 그동안 출제되지 않았던 문제도 확실히 아는 선택지를 없애면 정답을 고를 수 있다. 실제 내가 치른 7급 지방직 국어 과목에서 문법 문제 중 맞는 단어를 선택해야 하는 문제가 있었다. 정답이 되는 선택지는 여태껏 기출문제집에서 보지 못한 문제였다. 하지만 선택지 4개 중 3개가 이미 기출문제로 나온 단어였다. 기출문제를 반복해서 공부하면서 선택지 하나까지 확인했기 때문에 당시 시험에서 답을 손쉽게 고를 수 있었다. 헌법 과목에서도 비슷한 상황이 있었다. 문제에서 한 선택지는 처음 본 내용이었지만 나머지 3개 선택지가 기출문제에서 출제되었기 때문에 답을 고르는 데 별다른 어려움이 없었다.

기출문제는 '이런 문제가 나왔구나' 하고 생각하며 그냥 쉽게 넘길 문제가 아니라 선택지 하나하나까지 숙지하며 파고들어야 한다. 기출문제 선택지와 해설은 시험을 치르는 데 끝까지 들고 갈 나만의 기본서다.

내게 맞는 기출문제집 선택하기

기출문제집을 고를 때, 첫째, 분야별 기출문제집을 고른다. 보통 기출문제집은 10년 동안 출제된 문제를 연도별로 배열한 문제집과 기본서와 같은 목차로 구성하여 해당 목차에 맞는 분야별 문제를 모은 문제집으로 나뉜다. 이 중 분야별 기출문제집을 골라야 어떤 부분에서 문제가 많이 출제되는지 알기 쉽고, 반복해서 보기에도 좋다.

둘째, 두꺼운 기출문제집을 선택한다. 공무원 시험 같은 경우에는 1,000쪽이 넘는 기출문제집도 많이 있다. 배경지식이 있거나 수업 등으로 그 과목에 대해 공부한 적이 있다면 많은 기출문제를 다룬 두꺼운 책을 선택하자. 그리고 배경지식이 없다면 얇은 기출문제집을 먼저 공부하고 두꺼운 기출문제집으로 옮겨가야 한다. 대개 얇은 책은 짧게는 1년, 혹은 3년 정도 분량만 모아서 목차별로 구성한 최신 기출문제집이다.

책을 하나 선택해서 시험이 끝날 때까지 반복해 보는 게 가장 좋다는 의견에는 동의한다. 그러나 배경지식도 없는데 1,000쪽에 달하는 문제집을 읽고 있으면 집중도 잘 되지 않고 금방 지치기 쉽다. 그러니 처음에는 얇은 책으로 회독 수를 늘려서 어떤 문제가 나오는지 파악하고 용어에도 익숙해져야 한다. 많은 사람들이 선택한다는 이유만으로 나도 내게 너무 두꺼운 경제학 책을 선택한 적이 있다. 1회독을 하는 것조차 힘들었을 뿐더러 아무리 봐도 끝이 없었다. 그러다 국가직 7급으로 중간 점검한 결과 경제학 점수가 생각보다 낮게 나왔다. 고민하다 10년 기출문제를 분야별로 정리한 책을 선택하며 책도 얇아졌다. 이 책을 빠르게 반복하여 최종 시험에서는 15점을 올렸다.

시간적 여유가 있고 과목에 대한 배경지식도 있다면 두꺼운 기출문제집으로 많은 문제를 보는 것이 좋다. 얇은 문제집은 최신 1~2년 기출문제 위주로 있어 3~4년 정도 주기로 나오는 문제는 커버하기 힘들다는 단점이 있기 때문이다. 하지만 전혀 모르는 과목을 압도적인 규모에 눌려 1회독도 제대로 공부하지 못하는 것보다는 얇은 책을 선택하여 빠르게 반복하고 용어와 문제에 익숙해진 다음에 두꺼운 문제집으로 넘어가기를 권한다. 시간이 많이 부족하면 연도별 기출문제집으로라도 10년 동안 기출된 문제는 확실히 내 것으로 만들어야 한다.

셋째, 강사가 직접 쓴 문제집 중에서 마음에 드는 것을 고르자. 출판사 이름으로 나온 기출문제집은 기본서를 찾을 때도 어려움이 있고, 강사가 낸 책보다 설명이 다소 미흡한 경우가 많이 있다. 공부를 시작하기 전 관련 시험을 준비하는 온라인 카페 등에 가보면 학원마다 이른바 '일타강사'가 있다. 그 강사의 책을 찾아보고 디자인이나 구성이 마음에 드는 책을 선택하면 된다. 꼭 일타강사가 아니라도 상관은 없다. 예를 들어 나는 2단으로 구성된 책은 가독성이 떨어져 일타강사 교재라도 피했다. 가장 좋다고 소문난 책이라도 나와 맞지 않으면 아무 소용이 없다. 그러니 후보를 3개 정도 정해서 디자인, 구성 등을 살펴보고 내 맘에 드는 책으로 고른다. 다만 기본서도 같이 저술한 강사의 책으로 골라야 공부에 더 도움이 된다는 점을 잊지 말길 바란다.

기본서는 기출문제의 해설을 봐도 이해가 잘 가지 않으면 그 부분을 찾아서 발췌독으로 공부하자. 개념 이해를 도와주는 백과사전처럼 활용하면 된다. 그래서 선택한 기출문제집과 동일한 저자가 쓴 기본서를 선택해야 목차 구성이 같아 찾기 편하고 특히 법학의 경우 학설 등 다른 견해로 인해 발생할 수 있는 헷갈림을 방지할 수 있다. 자신이 고른 기출문제집을 2회독 한 다음에 그 책이 마음에 들고 계속 반복할 것 같으면, 동일한 저자가 쓴 기본서를 준비하자.

중요한 한 문장 찾기

객관식 시험에서는 선택지 하나하나가 맞는지 틀린지 알지 못해도 답을 맞힐 수 있다. 확실히 답을 아는 걸 하나씩 없애나가면 마지막 남는 하나가 결국은 답이 되기 때문이다. 그러나 공부를 할 땐 완전히 다르다. 선택지 하나하나를 정확하게 정오판별할 수 있도록 해야 한다. 정답이 무엇인지만 암기하면 '내가 그 문

＊＊＊

제를 알고 있다'고 착각하게 된다.

이를 방지하고 기출문제를 철저하게 공부하기 위해서 정오판별이 확실하게 되는 선택지는 컴퓨터용 사인펜으로 삭제해나간다. 1~2회독 때는 내가 확실히 아는 '문제'만 지워나간다. 자와 컴퓨터용 사인펜을 옆에 두고 확실히 아는 문제는 X표를 쳤다. 그리고 본격적으로 문제를 한 번씩 풀어보는 3회독부터는 확실히 아는 '선택지'도 줄로 그어서 다음에 볼 때는 확실히 정오판별이 되지 않는 선택지만 볼 수 있도록 남겨놓았다. 컴퓨터용 사인펜을 쓰는 것은 다음 회독 때 보이지 않도록 만들기 위해서다. 모나미펜은 얇아서 줄을 그어도 나중에 보면 대충 무슨 말인지 알 수 있다. 그러니 맞는지 틀린지 정확히 아는 선택지는 두꺼운 컴퓨터용 사인펜으로 선을 그어버리고, 다음 회독 때는 나머지 선택지만 보면서 이 선택지가 맞는지 틀린지를 확인하고, 앞서와 같이 정확히 판별하는 선택지는 또 지워나간다.

나에게 중요한 한 문장은 결국 내가 모르는 문장을 찾아내는 것이다. 내가 이미 아는 것은 시험을 치는 데 중요한 문장은 아니다. 이미 확실하게 아는데 굳이 그걸 반복하면서 마음에 위안과 안정을 주며 시간을 낭비할 필요는 없다. 시험을 2주 정도 앞둔 마지막에 연도별 문제를 풀어보면 내가 아는 선택지는 다시 눈에 익히며 반복할 기회가 충분히 주어진다. 그러니 회독을 반복하면서 아는 문장을 지워가며 공부할 양을 줄이고 모르는 선택지를 반복함으로써 마지막 시험을 치를 때 헷갈렸던 선택지도 정확하게 정오판별을 하도록 만드는 것이 중요하다.

시험에 빨리 합격하기 위해서는 공부할 양을 줄이면서 회독수를 늘려가는 방법으로 공부해야 한다. 반복을 통해 공부한 내용을 머리에 각인시켜 시험 때 바로 떠오르게 만들어야 한다. 그래서 내게 중요한 한 문장을 찾아 시험 마지막까지 반복해나가야 한다.

임팩트 있게
암기하자

한 번에 외울 수 없다

'망각'은 신이 인간에게 준 축복이라는 말을 들은 적이 있다. 상상해보라. 내가 태어나서 지금까지 있었던 일들을 모두 완전히 기억한다면, 부끄럽거나 지우고 싶었던 기억도 생생히 남아 있어 살아가기가 참 괴로울 것이다. 그러나 공부를 하는 사람들에게 '망각'은 축복이 아닌 저주다. 망각을 겪지 않는 사람은 본 적도 없거니와 암기에 자신 있다고 말하는 사람 역시 찾아보기가 매우 어렵다. 그런데 사람들은 천천히 보고 이해하며 정독을 하면 다 기억에 남을 것처럼 공부한다. 실상은 2회독을 해도 내가

***

이런 걸 보았나 싶은 문제가 한둘이 아닌 때가 허다한데 말이다. 원래 기억을 하려면 각인이 되거나 매우 반복하여 장기 기억으로 넘어가야 한다. 모든 문제가 내 머릿속에 각인되는 것은 불가능하다. 매우 어렵거나 마지막까지 남는 문제는 스스로 두 글자를 따서 외우건 어떤 연상 작업을 떠올리면 되지만 모든 문제를 그렇게 할 수도 없고, 그럴 필요도 없다.

그러니 처음부터 한 글자 한 글자에 매몰되어 천천히 읽어가는 것은 그저 진도를 느리게 할 뿐이다. 초반에는 모르면 모르는 대로 넘어가기도 해야 한다. 처음부터 바로바로 이해될 정도로 시험 과목들이 수월했다면 다들 공부를 포기하지 않았을 것이다. 어렵기 때문에 빠르게 읽어서 머리에 흐름을 남기고 낯선 용어에 익숙해져야 한다.

아무리 외국어를 많이 들어도 정확한 발음을 모르고 그저 반복해서 듣기만 해보았는가? 늘 들리는 단어만 들리고 모르는 단어는 들리지 않는다. 아주 여러 번 반복하면 이해가 될지도 모르지만 그렇게 이해할 때까지 기다리는 것보다 해당 스크립트를 한번 읽고 나서 들으면 금방 들리게 된다. 이건 외국어에만 국한되지 않는다.

KBS 예능 프로그램 〈해피투게더〉의 '쟁반노래방' 코너에서 만화 〈달려라 하니〉의 주제곡이 나오는 걸 봤다. 〈달려라 하니〉

의 전체 가사를 래퍼가 빠르게 읽어주고 전체 노래를 2배속으로 들려주었는데, 2배속으로 들려주니 가사를 알아듣기가 정말 쉽지 않았다. 그런데 신기하게 후렴구(달려라 달려라 달려라 하니 하니~ 이 세상 끝까지 달려라 하니~)는 잘 들렸다. 내가 이미 후렴구를 잘 알고 있었기 때문이다.

우리가 늘 사용하는 모국어도 이런데 외국어는 말할 필요도 없을 것이다. 알고 듣는 것과 모르고 듣는 것 사이에도 이런 간격이 있듯이, 천천히 읽는다고 몰랐던 것이 갑자기 이해가 되는 경우는 매우 드물다. 빠른 이해를 위해 필요한 배경이 없기 때문이다. 알고 들으면 랩으로 읽거나 2배속을 해도 들리는 반면, 모르고 들으면 아무리 애써도 잘 들리지 않는 것과 같은 효과다.

물론 듣기는 기본적으로 음운을 알기 때문에 매우 천천히 들으면 들리겠지만, 글은 배경지식이 없는 상태에서 천천히 읽는다고 해도 이해가 어렵거나 시간이 정말 많이 필요하다. 그리고 이해를 위해 천천히 읽으며 시간을 많이 투입하면 그 부분은 이해하고 넘어갈지 모르지만, 초반에 힘을 너무 많이 빼서 중도에 포기하기 쉽다. 뒤로 갈수록 앞과 동일한 집중력을 쏟기가 매우 힘들기 때문이다.

천천히 읽어서 1회독 할 시간에 빠르게 처음부터 끝까지 여러 번 반복하여 회독 수를 늘린다면 큰 문맥을 잡아 뼈대를 세우기

* ✳ *

가 쉽다. 그리고 4회독이 넘어가면서 이해가 잘 되지 않는 것은 기본서를 발췌독하여 찾아본다면 훨씬 이해도가 높아진다. 억지로 처음부터 모든 것을 다 암기해야 한다는 생각으로 열심히 한 글자 한 글자 읽으면 끝까지 읽기도 어렵다. 책의 앞부분만 까맣게 만들지 말고 뒷부분까지 펼쳐보기 위해서는 멈추지 말고 빠르게 읽어 나가자.

기억에 남는 단어를 떠올리자

읽기만 해서는 읽은 내용을 모두 기억하기 어려우니 읽고 나서 계속 떠올리는 과정이 필요하다. 하루 동안 공부한 과목을 다 읽고 책을 덮으면 무엇을 공부했는지 떠올려보자. 단어가 잘 생각나지 않으면 목차를 떠올려도 좋다. 하지만 점점 회독 수를 거듭할수록 구체화되기 시작하고 자주 나오는 단어가 먼저 생각날 것이다. 무엇이건 기억에 떠오르는 단어를 빈 종이에 5분의 제한시간을 두고 적어보자. 5분 동안 줄이 없는 노트를 골라 낙서를 하듯 하나하나 떠오르는 단어나 문장을 적어본다. 의식적으로 기억하려고 노력하는 것만으로도 기억을 오래 유지할 수 있다.

그리고 한 장을 채우듯이 적어본 다음에 잘 떠오르지 않는 기억이 흐릿한 부분은 읽은 부분을 휙휙 넘기며 한번 찾아본다. 못 찾아도 상관없다. 한 번 정도 흘러가듯 책을 다시 보고 기억나면 종이에 적고 기억이 나지 않으면 그냥 둔다. 그러고 나서 다음날(2일차) 똑같이 그날 공부한 것을 적고 나서 그 전날(1일차) 적은 것을 한번 훑어본다. 하나하나 곱씹으며 보지 말고 판을 찍듯이 '어제 이런 걸 공부했구나' 생각하며 넘기면 된다.

정리하면, 오늘(1일차) 공부를 끝내면 책을 덮고 백지에 기억나는 단어나 문장으로 오늘 공부한 것을 떠올려서 5분간 적어본다. 그리고 오늘 공부한 부분을 휙휙 읽어보며 미처 기억나지 않는 것은 추가로 적는다. 이때도 5분을 넘기면 안 된다. 내가 미처 떠올리지 못했던 단어를 조금 더 추가한다. 그리고 다음날 (2일차) 공부한 것을 다시 5분간 기록한다. 책에 나온 모든 것을 적는 것이 아니라 미처 적지 못했는데 휙휙 다 넘긴 다음에 기억에 남는 것을 적으면 된다. 이 작업이 끝나고 나면 전날(1일차) 적은 것을 간단하게 훑어본다.

시간을 제한하는 이유는 시험을 볼 때는 제한시간이 있고 그 안에 빠르게 문제를 풀어야 하기 때문이다. 5분이 넘어도 답을 모르는 문제는 어차피 틀릴 문제다. 시간을 계속 투입하지 말고 빠르게 떠올리는 작업을 통해 문제를 보면 바로바로 떠오르도록 만들어야 한다. 이때 내가 떠올리지 못한 것은 회독 수를 늘리면서 적으면 된다. 그때는 완전히 아는 것은 빼고 이번에 내가 새롭게 알게 되어 신선했던 것들을 적어도 괜찮다. 아는 것을 굳이 반복하려 애쓰지 않아도 된다. 반복적인 읽기와 함께 연상 작용을 활용한다면 기억력은 한층 더 올라갈 것이다.

이 방법은 연상 작용을 활용하는 것이다. 예를 들어 미술작품을 보고 나서 무엇을 보았냐고 물으면 머리에는 떠오르는데 이를 설명하기가 쉽지 않다. 하지만 그때 보았던 미술작품을 보여주면서 이 작품을 보았는지 보지 못했는지를 묻는다면 '보았음'을 기억할 가능성이 높다. 이처럼 스스로 연상을 하는 작업은 떠올릴 시간이 걸리고 내가 무엇을 공부했는지 자연스럽게 복기할 수 있다. 그리고 이렇게 떠올린 단어는 단순히 한번 읽었을 때보다 훨씬 더 기억에 오래 남는다.

인풋과 아웃풋은 다르다

투입(input)과 산출(output)은 다르다. 너무 당연한 말 같은가? 하지만 이를 착각하는 사람들이 많다. 내가 투입을 많이 해두면 산출은 자연스럽게 나타날 거라 생각한다. 하지만 보통 공부를

* * *

많이 했다고 스스로 생각하더라도 막상 시험에 닥치면 내가 무엇을 공부했는지 자괴감이 드는 경우가 많을 것이다. 그동안 공부를 하지 않고 놀았던 날이 후회될 수도 있고, 아니면 이번 시험은 가망이 없으니 다음을 노리자고 생각하고 시험을 치는 도중 이미 포기할지도 모른다. 하지만 너무 안타까운 일이다. 시험에 따라 차이는 있지만 보통 공무원 시험이나 난이도가 높다고 여겨지는 시험들은 1년에 한 번 기회가 온다. 그 기회를 너무 허망하게 놓치는 것이 아닌가 싶다.

제발 시험장에서 내년엔 다른 모습으로 앉아 있을 거라고 자신하지 말자. 기존에 하던 방식대로 하면 내년에도 올해와 같은 생각으로 같은 시험을 치르고 있을 가능성이 매우 높다. 기본기가 약하다며 기본서만 계속 읽으려 하고, 스스로는 공부를 하지 못하겠다며 학원 강의 커리큘럼만 비교하고 따라가는 방식은 스스로는 인풋을 많이 했다고 느끼게 만든다. 하지만 심하게 말하면 그건 자기만족 공부일 뿐이다. 합격하기 위한 공부가 아니라 스스로 마음의 위안과 안정감을 주기 위한 공부라는 의미다.

이렇게 날을 세워서 말하는 이유는 나도 다 경험해보았기 때문에 부디 이 책을 읽는 독자들은 그런 시행착오를 겪지 말고 쉽게 합격의 길로 가길 바라고 또 바라기 때문이다. 이 기본서를 10회독 하면 반드시 합격한다고 그 책을 쓴 사람은 말할지도 모른다. 하지만 10회독이라는 양이 중요한 것이 아니라 그 책을 얼마나 소화하고 시험에 적용할 수 있느냐가 합격의 당락을 가른다.

그래서 아웃풋으로 연결하기 위해 아예 기출문제를 기본서로 삼고 하루 공부를 마치면 한 장의 떠올리기를 통해 오늘 공부한 것을 스스로 떠올려야 한다. 떠올리는 이 과정이 인풋을 아웃풋으로 이어지게 하는 '연결고리'다. 무언가를 보고 적는 게 아니라 백지를 보며 오늘 내가 무엇을 공부했는지 스스로 떠올리는 것이다. 이것은 중요한 단어를 오래 기억에 남게 하고 문제와 선택지도 낯이 익게 만든다. 마치 어떤 사람을 여러 번 보면 낯이 익다고 여기게 되듯이 문제와 선택지도 낯을 익혀 시험을 치르기 전에는 매우 잘 아는 친한 친구처럼 느껴지게 만들어야 한다.

나도 기본서든 기출문제든 몇 회독을 반복하면 반드시 합격한다고 자신할 수 없다. 그리고 그런 회독 수가 합격을 판가름하지도 않는다. 어느 시험에서도 '네가 책을 몇 번 보았는가'는 묻지 않는다. 그저 '네가 이것을 맞추느냐 아니냐'만을 구분할 뿐이다. 물론 회독 수가 많아질수록 합격 가능성이 높아지는 것은 맞다. 하지만 10회독 아니 그 이상의 회독 수도 100퍼센트 합격을 보장해주지 않는다. 그러기에 인풋을 하고 나면 바로 아웃풋까지 이어지도록 매일매일 체크를 해야 한다. 처음에는 정

＊＊＊

말 책을 덮고 나면 무엇을 공부했는지 하나도 기억이 나지 않을 수 있다. 하지만 백지를 다 채우지는 못하더라도 무언가 기억을 해내려고 애쓰는 그 과정이 오늘 내가 투입한 것을 바로 산출로 이어지도록 연결해준다. 인풋을 아웃풋으로 바로 연결하자.

임팩트 있게
쉬어라

단기로 목표를 잡으면 얼마 남지 않았다는 생각에 휴식은 사치라고 여기기 쉽다. 하지만 휴식도 공부의 흐름을 지속하는 데 매우 중요한 시간이다. 공부 시간과 마찬가지로 휴식 시간도 매우 중요하다. 부디 계획을 짤 때 쉼 없이 달리려고 하는 분들은 다시 계획을 수정하길 바란다. 아무리 단기간에 목표를 이루어야겠다고 굳은 결심을 했다 해도, 우리의 몸과 정신은 몇 개월은커녕 한 달도 제대로 된 휴식 없이 계속 달리기 어렵다. 그리고 오히려 슬럼프에 빠지거나 리듬을 잃어버리면 이를 회복하는 시간이 더 오래 걸릴 수 있다.

휴식 시간은 중간 중간에 쉬지 말고 일정한 기간에 쉬도록 원

＊＊＊

칙을 정하자. 첫 번째 방법은 일주일 중 하루를 온전히 쉬는 것이다. 보통 일요일에 푹 쉬고 6일 동안은 열심히 공부하자고 마음먹는다. 그래서 학원에서도 보통 6일을 수업시간으로 편성한다. 가장 일반적인 방법이다. 이 방법은 보통 주 5일 일정에 익숙해져 있는 생활 패턴에 가장 무난하게 적용할 수 있는 방법이다.

두 번째 방법은 수요일이나 목요일에 반나절 정도 휴식을 취하는 것이다. 나는 목요일에 꼭 하고 싶은 일이 있어서 이 방법을 선호했다. 그렇다고 딱 나눠서 쉬기보다는 평소보다 공부량을 더 적게 만들어 저녁 먹기 전 대략 5시 정도까지 공부를 했다. 그리고 일요일에는 아침에 늦잠을 자고 점심까지 쉬다가 오후에 특별한 일정이 없으면 3~4시간 정도 공부를 했다. 일요일에는 공부를 전혀 하지 않는 날도 물론 있었다. 하지만 특별히 하고 싶은 일이 떠오르지 않으면 잠깐이라도 독서실에 가보려 했다. 이때는 공부량이나 시간을 정하지 않고 가벼운 마음으로 나섰다.

위 두 방법 중 자신의 마음에 드는 방법을 선택하여 원칙으로 삼고 예외 조항으로 한 과목의 1회독이 끝난 날에는 다음 과목으로 넘어가지 말고 그날은 쉬는 게 좋다. 예를 들어 A라는 과목이 끝이 나면 서둘러 B 과목을 시작해야 할 것만 같은 마음이 생긴다. 하지만 하루에 2과목을 연달아 공부하는 것은 집중력도 떨어진다. 그리고 A를 끝낸 뿌듯함도 느껴볼 시간을 나에게 주어야 한다. 그러니 A 과목이 끝나면 마지막에 공부를 끝낸 후 무선노트에 적은 한 장의 리스트를 작성한 뒤 휴식을 취하자.

나는 두 번째 방법과 밑에 예외 조항을 적절히 혼합하여 휴식을 취했다. 휴식을 취한다는 게 공부를 처음 시작하려는 단계에서는 죄책감이 느껴져 휴식 없이 공부를 해본 적도 있었다. 하지만 이는 너무 비효율적이었다. 일주일은 그렇게 공부할 수 있지만 이내 지쳐 그다음 주는 제대로 공부를 하지 못하거나 하루를 넘겨 쉴 수밖에 없었다. 일주일이라는 기간 중 적어도 하루는 쉬어야 한다. 휴식도 내 공부를 위해 꼭 필요한 일임을 기억하자.

리스트를 만들자

공부를 하면서 다른 걸 하고 싶다는 열망이 강하게 들 수 있다. 갑자기 영화나 TV가 보고 싶어지면서 공부에 집중하기 어렵다. 그럴 때는 체크리스트를 만들어 하고 싶은 것을 하나씩 적어두자. 그런 뒤에 쉬는 날이 오면 그중 하나를 해보자. 여행처럼 긴 시간이 필요한 일만 아니라면 반나절 동안 보고 싶은 것, 먹고 싶은 것을 먹으며 충분히 만족스럽게 쉴 수 있다. 하고 싶은 일에 대해 적을 땐 구체적으로 적어보자. 단순히 영화를 보고 싶다가 아니라 어떤 영화를 보고 싶은지, 쇼핑을 하고 싶다면 어디에서 무엇을 쇼핑하고 싶은지 등 구체적으로 적고 실천에 옮겨야 한다.

이렇게 적을 때 장점은 첫째, 쉬는 날 무엇을 할지 고민하다가 아까운 시간을 허비하는 일을 미리 방지할 수 있다. 쉬는 날이 다가오면 전날 저녁부터 무엇을 할까 고민하느라 공부에 집중을 못하다가 막상 쉬는 날에는 또 아무것도 하지 않은 채 그냥 시간을 흘려보낸다. 평소에 쉬는 날 하고 싶은 일들을 적어두면 쉴 때도 임팩트 있게 쉴 수 있다.

둘째, 공부하는 데 방해를 덜 받고 집중력을 높일 수 있다. 무언가 하고 싶다는 생각이 들기 시작하면 공부에 집중하기가 어렵다. 그 영화 보고 싶은데 오늘 1시간만 공부 일찍 끝내고 반만 볼까? 아니면 내일 일찍 일어나서 공부 시작하기 전에 얼른 볼까? 생각은 꼬리에 꼬리를 물고 공부는 이미 뒷전이다. 이러지 않으려면 쉴 때 어떻게 쉴지 미리 정리해두면 된다. 적어둔 걸 할 수 있을지 없을지는 쉬는 날 판단하면 된다.

셋째, 공부의 선순환 고리를 이어지게 한다. 앞서 공부할 때 중요한 것이 공부를 좋아하는 마음 상태, 보상, 성장하고 있다는 믿음 이 3가지라고 말했다. 물론 공부를 끝내고 바로 하는 보상이 효과는 가장 좋지만 큰 보상을 할 시간적 여유는 없다. 소소하게 하고 싶었던 것을 허용하는 정도다. 하지만 쉬는 날은 매일 공부하는 날보다는 큰 보상을 해줄 수 있다. 바로 내가 원하는 것을 함으로써 선순환 구조를 계속 이어나가는 것이다.

넷째, 작은 성공을 느낄 수 있다. 한 장의 리스트를 만드는 이유가 이런 성공의 뿌듯함을 느끼게 할 수 있기 때문이다. 막연히 했다는 것이 아니라 행동으로 옮긴 것을 체크 표시함으로써 무언가 해냈다는 성취감이 느껴진다. 이 성취감은 오늘도 무언가를 해냈다는 뿌듯함과 연결되면서 스스로 작은 성공을 이룬 것처럼 느끼게 해준다. 쉬는 날이 되었을 때, 그동안 적어 둔 리스트에 없었던 것이 하고 싶으면 그걸 적고 실행한 뒤 표시해도 무방하다. 이건 성공한 느낌을 주는 것이지 의무적으로 해야 하는 약속이 아니다. 내 감정을 가장 우선해서 결정하고 행동하면 된다.

작은 한 장의 리스트에 이런 큰 효과가 있겠냐는 의문이 들거든 한 달만 해보길 바란다. 하고 싶은 것이 떠올라 공부에 방해를 받으면 적어두고 이제 적었으니 그만 생각하자. 이렇게 나에게 말한 뒤 쉬는 날 이를 행한다. 매우 간단해 보이지만 잡념에서 쉽게 벗어나게 해준다.

쉴 때는 그냥 쉬어라

이 말은 솔직히 나도 지키기 힘들었다. 쉬고 있어도 여러 잡생각이 드는 경우가 많다. '오늘 이걸 해도 될까?', '이걸 끝내야 하지 않을까?' 이런 식으로 걱정을 놓지 못하면 쉬어도 쉬는 게 아니다. 쉴 때는 푹 쉴 수 있도록 걱정과 염려를 놓아버리자고 마음 먹고 행동에 옮겨야 한다. 물론 말처럼 쉽지 않다. 그래서 몇 가지 팁을 주고자 한다.

첫째, 공부가 떠오르게 하는 물건을 치우자. 쉬려고 아예 밖으로 나가면 별 문제가 없겠지만 혹시 집에서 휴식을 취한다면 그 전날 책상을 깔끔하게 치워서 공부를 떠오르게 하는 것이 없도록 만든다. 무언가 눈에 띄게 둔다면 그걸 보는 순간 다시 이걸 해야 하지 않을까, 저걸 해야 하지 않을까 걱정되기 시작할 것이기 때문이다. 나는 업무를 처음 시작할 때 의욕적으로 해보고자 주말에 업무 관련 서류를 집에 들고 간 적이 있다. 솔직히 제대로 읽지도 않았으면서 마음에 부담만 가득했다. 이런 일이 몇 차례 반복된 뒤에야 업무는 사무실에서만 하고 집에는 빈손으로 와야 한다는 것을 깨달았다.

둘째, 생각이 나면 적어두자. 쉬다가 해야 할 공부나 업무가 생각나면 수첩이나 스마트폰에 간단히 적어두자. 지금 당장 할 수 없거나 하지 않아도 되지만 다음 주 공부나 업무가 시작될 때 해야 할 일이라면 간단하게 적어두면 된다. 그러면 적었으니 안심이 되고 자연스레 쉬는 동안은 잊게 된다.

셋째, 나를 설득한다. 의식적으로 계속 노력을 해야 쉬는 날이 되어도 공부를 해야 할 것 같다는 중압감에서 벗어날 수 있다. 설득이라고 해서 거창한 일이 아니다. 그저 나를 납득시키자는 것이다. 지금은 쉬는 날이고 그 공부는 지금 당장 하지 않아도 된다. 그러니 지금 쉬고 있는 것에 집중하자. 이렇게 스스로 말한 뒤 의식적으로 다른 생각 혹은 화제로 전환한다.

학창 시절 꼭 영어 시간에 수학 공부를 하고, 수학 시간에 영어 공부를 하는 애들이 있었다. 그리고 그 친구들의 성적이 높은 경우는 거의 없다. 해야 할 일에 집중하는 것, 그것은 공부에만 국한되지 않는다. 쉴 때는 쉬는 것에 온전히 집중해서 휴식의 질을 높이자.

오늘 휴식은 오늘까지만

쉬운 것 같지만 어려운 말이기도 하다. 내일에 영향을 주는 일인지 아닌지는 내일 알지 오늘 어떻게 알 수 있겠는가. 하지만 완전 새로운 일이 아닌 이상 보통 내가 어떤 일을 하면 다음날까지 영향을 받는지 대충 감은 있을 것이다. 친구와 오랜만에 만나 회포를 풀다 술을 마셨다고 하자. 보통 자신의 주량을 알고 있다. 하지만 분위기에 휩쓸려 혹은 그동안 너무 마시고 싶어서 참다가 갑자기 과음하면 다음날 공부에 지장을 받을 것이다.

술 얘기가 나온 김에 말해두지만, 전업 수험생은 수험 기간 동안은 술을 마시지 말자. 습관적으로 매일 밤 맥주 한 캔은 마시고 자는 사람도 보았지만 간단한 음주도 피하자. 뇌에 알게 모르게 영향을 미칠 수 있고, 한 잔이 두 잔 되고 한 병이 될 가능성이 높다.

또 드라마보다는 영화를 권하고 싶다. 영화나 예능 프로그램은 보통 해당 회차로 마무리가 되니 다음이 궁금한 경우는 잘 발생하지 않는다. 하지만 드라마는 연속성이 있고 종영이 될 때까지 반전에 반전을 거듭한다. 특히 재미있는 드라마는 그 뒤가 궁금해지기 때문에 공부 일정에 영향을 줄 가능성이 크다. 정말 보고 싶으면 적어두었다가 수험 기간이 끝나고 쉴 때 몰아서 보면 된다. 나중에도 충분히 볼 수 있으니 지금 당장에 너무 집착하지 않았으면 한다.

다음날 영향을 줄 만한 것은 개인마다 각양각색일 것이다. 일률적으로 이건 하지 말라는 이야기는 하지 않겠다. 하지만 음주는 정말 피하길 바란다. 그리고 드라마든 다른 어떤 것이든 스스로 생각했을 때 다음날 영향을 받지 않는다고 생각하면 해도 된다. 굳이 드라마를 언급한 것은 내가 그랬기 때문이다. 다음이 궁금하고 보고 싶어서 드라마 관련된 소식과 NG컷을 찾아 헤매는, 굳이 그때 하지 않았어도 될 행동을 했던 기억이 있다. 나처럼 시행착오를 겪지 않기를 바라며, 쉬는 시간은 푹 쉬고 재충전해서 공부를 다시 잘 이어나갈 수 있게 하자.

건강관리법

수험 기간 동안 집중해서 공부하기 위해서는 건강관리가 필수다. 짧은 기간이기에 슬럼프는 물론 아파서도 안 된다.

첫째, 처음부터 너무 무리하지 말자. 앞서 나에 대한 관찰을 통해 내가 얼마나 공부할 수 있는지 그리고 그 양이 어느 정도인지 일주일 정도 체크를 해보았다. 급한 마음에 그 양을 무리하게 늘리면 꼭 탈이 난다. 나는 대학생 때 하루 종일 학교 수업도 들어야 하는데, 의욕이 넘쳐 아침 7시에 토익 수강을 신청한 적이 있다. 아니나 다를까 3일 만에 몸살이 나서 결국 수업은 환불 받고, 며칠 동안이나 아무것도 못하고 쉬어야 했다.

둘째, 하루 30분 이상 운동을 하자. 공부할 시간도 없는데 무슨 운동이냐고 생각할 수도 있다. 하지만 단기에 무언가를 끝내려 하면 조급해지기 쉽다. 이를 완화하기 위해서는 헬스장에서 가볍게 러닝머신을 뛰든 산책을 하든 몸의 긴장을 풀어줄 필요가 있다. 아침이든 밤이든 시간은 중요하지 않다. 그리고 꼭 매일하지 않아도 괜찮다. 일주일에 3번 정도라도 정기적으로 내 몸의 긴장을 풀어주는 시간을 갖자.

셋째, 규칙적인 생활습관을 만들자. 일정 시간에 잠을 자고 일어나는 습관을 들이자. 일정한 시간에 잠을 자야 깊이 잠들어 푹 자고 일어날 수 있다. 그래야 수면이 휴식을 위한 도구가 될 수 있다. 잠을 자고 일어나는 시간이 불규칙하면 하루의 일정이 불규칙적으로 변하게 되고 공부하는 시간도 불규칙적으로 변하면 자꾸 그 시간이 늦어지다가 하지 않게 된다. 그러니 수면, 식사, 공부는 일정한 시간에 하도록 습관을 들이자. 규칙적인 생활은 건강과 공부 시간을 지키는 데 큰 힘이 된다.

제4장

수능 대비

3년이 30년을 좌우한다

먼저 책상 앞에
한번 앉아보자

중학교와 고등학교는 천지 차이다

중학교 때부터 늘 최상위권을 유지하던 학생이라도 고등학생이
되면 성적이 뒤집힐 수 있다. 중학교 때 전교 1등을 했는데 고등
학교에서는 오히려 성적이 뚝뚝 떨어져 이내 공부에 흥미를 잃
는 경우도 많이 보았다. 이런 학생들은 기존의 공부 방법을 버
려야 한다. 중학교는 벼락치기 암기로 충분히 좋은 성적을 받을
수 있다. 그리고 그때는 공부를 전혀 하지 않는 학생도 있어서
시험 기간에 바짝 공부해도 최상위권까지는 아니더라도 상위권
에 진입하기가 비교적 쉽다.

＊＊＊

또 최근에는 자유학년제를 운영하여 최소 1년에서 최대 3년 동안 중간·기말고사 등 정식 시험을 쳐보지 않다가 고등학교에 가서 첫 시험을 치르는 경우도 있다. 이때 자신이 생각한 것보다 낮은 점수가 나와 어떻게 해야 할지 몰라 학기 초에 헤매는 경우도 생긴다. 자유학기제의 효용성을 논하자는 것이 아니라 3년 동안 좋든 싫든 1년에 적어도 4번씩 시험을 친 학생과 많이 쳐보지 않거나 아예 시험을 치지 않은 학생은 시험에 대한 적응도에서 차이가 날 수밖에 없다는 것이다.

어떤 중학교 시절을 보냈든 고등학생이 되면 학년 초에는 스스로 공부를 하고자 하는 마음이 다들 있다. 하지만 어떻게 공부를 시작해야 할지 몰라 어영부영하다가 중간고사에서 좋은 성적을 받지 못하면 이내 공부는 내 길이 아니라며 아예 포기하는 안타까운 일들이 발생한다. 이를 방지하기 위한 방법은 없을까? 다음 3가지 방법을 한번 살펴보자.

책상 위에 스톱워치를 두자

스톱워치를 책상 위에 두자. 스마트폰의 알람 기능을 활용하는 건 그렇게 좋은 생각이 아니다. 스마트폰을 켜는 순간 내 손이

어디로 움직여 또 시간을 허비하게 할지 모르기 때문이다. 또 스톱워치를 사용하면 내가 얼마나 공부했는지 바로 측정할 수 있다. 스마트폰은 일정 시간이 지나면 화면 잠금 기능에 들어가 시간 확인을 하려면 다시 켜야 하지만, 스톱워치는 바로 눈앞에서 얼마의 시간이 흐르고 있는지 확인이 바로 가능하다.

공부를 시작하는 순간부터 스톱워치를 이용해 시간 측정을 시작한다. 그리고 내가 공부한 시간을 정확하게 측정하기 위해 화장실을 가거나 잠시라도 공부를 하지 않으면 멈춘다. 시간만 하염없이 가도록 내버려두어서는 안 된다. 마지막으로 하루 공부를 끝낼 때는 공부한 그 시간을 성장일기에 기록한다.

성공적인 다이어트를 위해서는 먼저 하루 동안 먹은 것을 다 기록해서 자신의 식습관을 파악하라고 한다. 그렇게 함으로써 나의 식습관을 파악함은 물론 반성이나 칭찬을 통해 다음날은 먹는 양을 의식적으로 줄여나갈 수 있기 때문이다.

공부 시간을 측정하는 것도 비슷한 이유다. 처음 2주 정도는 내가 평균적으로 얼마나 공부했는지를 알아가는 시간이고, 그 이후 공부 시간을 조금씩 늘리며 내가 개선해나가는 척도로 쓸 수 있기 때문이다. 공부한다고 말하지만 실제 얼마나 공부를 하는지 정확히 알지 못하는 경우가 더 많다. 백전백승을 위해서는 지기(知己), 나를 알아야 한다.

＊＊＊

1분만 시간을 내자

공부를 시작하기 전 내가 왜 공부를 싫어하는지 한번 생각해보자. 다양한 이유가 나올 것이다. 나는 공부 그 자체보다는 공부에 대한 두려움이 컸다. 그래서 책상에 앉아 공부를 시작하기전 1분을 투자해서 눈을 감고 1분 동안 나에게 긍정적인 말을 해주었다. "나는 오늘 결과보다는 과정 그 자체를 즐기며 즐겁게 공부한다. 오늘은 역사를 즐겁게 알아갈 것이다." 내가 공부를 싫어하는 이유에 대한 해결책을 나에게 말해주었다. 그러고나서 마지막 10초 정도는 다음과 같이 내가 공부를 좋아한다고 나에게 말해주었다. "나는 공부를 좋아한다. 나는 오늘도 공부를 즐겁게 한다. 나는 오늘도 공부를 즐긴다."

당연히 처음엔 거짓말이었다. 하지만 긍정적인 말로 스스로 격려해보는 것과 난 원래 공부를 싫어한다고 단정하고 부정적인 감정으로 공부하는 것은 아주 다른 결과를 보인다. 긍정적인 감정 상태가 부정적인 감정 상태보다 기억력과 이해력 등 뇌의 인지적 기능을 활발하게 만들기 때문에 같은 시간, 같은 내용을 공부해도 긍정적인 말로 스스로 격려하는 쪽이 훨씬 큰 성과를 낸다. 그러니 억지로라도 한번 말해보자. 내 귀에 들리게 '나는 공부가 즐겁다'고 말하자.

이렇게 1분만 투자해도 수월하게 공부를 시작할 수 있다. 마음의 부담도 덜하다. 지금 당장 공부가 좋아지진 않지만 적어도 부정적인 감정은 다소 줄어들기 시작한다. 이렇게 매일 1분씩 공부를 시작하기 전에 의식(儀式)을 행하자. 정말 아무것도 아닌 것 같지만 좋아한다고 계속 말하면 정말 좋아하게 된다. 정말이다. 사람의 뇌는 생각보다 속이기 쉽다. 스스로 그렇게 말하고 듣는 순간 처음에는 '그런가?' 싶다가도, 계속 반복되면 '그렇다'고 인지하게 될 수 있다. 그리고 '그렇다'고 인지하기 시작하는 순간부터 나의 기억력과 이해력은 그 전보다 몇 배는 더 좋아질 것이다.

책은 한 권만 펼쳐라

의욕적으로 공부를 시작하면 욕심이 나서 이 과목 저 과목 다 오늘 해내야만 할 것 같은 마음이 든다. 책상 옆에 여러 과목을 쌓아두고 이것저것 보다가 하루를 돌이켜보면 결국 제대로 공부한 과목은 하나도 없을 것이다. 공부할 땐 하루에 한 과목씩 공부하는 것이 그 과목에 대한 이해와 몰입에 더 도움이 된다. 괜히 옆에 여러 권 쌓아두면 이것저것 바꿔 집어 들다가 공부 시간이 다 가버린다. 하루 동안 공부할 수 있는 시간은 한계가 있는데 왜 그렇게 많은 책을 옆에 쌓아두는가? 심리적인 위안 이외에는 별다른 장점이 없다. 그 책을 가져오느라 무겁기만 하고 정작 와서 펼쳐본 책은 몇 권 안 될 것이다. 그럴 바엔 그냥 한 권만 들고 와서 그 과목만 공부하고 하루 공부를 끝내는 것이 낫다.

여러 과목을 공부하는 이유는 크게 2가지로 나뉜다. 첫째, 그렇게 해야 심리적으로 안정이 되기 때문이다. 한 과목만 보면 공부하지 않은 나머지 과목들이 그렇게 눈에 밟히는 모양이다. 그러나 그렇게 하면 공부의 질이 떨어진다. 하루에 한 과목을 제대로 이해하기도 어려운데 이 과목 저 과목을 대충 보는 것은 어느 과목도 제대로 이해하지 못하는 결과를 낳을 뿐이다. 둘째, 집중력이 떨어지기 때문이다. 공부에 흥미가 없는데 계속 한 과목만 보고 있으려니 그만하고 싶다는 생각이 들 것이다. 더구나 싫어하는 과목이라면 한 과목만 공부하는 것을 더 어렵게 만든다. 이런 경우에는 과목별 공부 순서를 잡을 때 처음에는 좋아하는 과목부터 공부를 시작한다.

예를 들어 한국사 → 국어 → 사회문화 → 한국지리 → 수학 → 영어 → 한문 순으로 좋아한다면 이 순서대로 공부를 시작하자. 물론 선생님들이 매일 과제를 주거나 시험 기간이라면 시험

＊＊＊

시간표에 맞춰 전략이 바뀌어야 하지만 평소와 방학 때는 좋아하는 과목부터 공부를 시작하면 된다. 그리고 마지막 한문에 다다르면 다시 한문부터 역순으로 공부를 한다. 즉 한국사 → 국어 → 사회문화 → 한국지리 → 수학 → 영어 → 한문 → 한문 → 영어 → 수학 → 한국지리 → 사회문화 → 국어 → 한국사 순으로 다시 돌아오는 방식으로 2회독을 한다.

3학년이 아닌 이상 과목별로 진도를 나간 만큼 공부를 한다면 돌아오는 시간은 그다지 오래 걸리지 않는다. 마음이 불안하면 매일매일 과목을 변경해도 좋다. 하지만 매일 한 과목만 공부한다는 원칙을 놓지 않길 바란다. 한 과목만 제대로 공부하기에도 하루는 짧기 때문이다.

조금이라도
일단 시작하자

책상에 앉으면 갑자기 그동안 챙기지도 않던 해야 할 일들이 막 떠오르고, 그동안 아무런 흥미를 느끼지 못했던 일들이 궁금해지기 시작한다. 책상에 앉기까지도 힘들었는데 앉고 나서 책을 펴기까지 버퍼링이 심하다. 이럴 때는 나를 달래주면서 시작해야 한다. 처음부터 오늘 내가 이 과목을 완전정복하겠다고 생각하면 아마 지금 책상에 앉아 있기도 힘들 것이다. 너무 부담스러운 목표이기 때문이다. 이럴 땐 분량에 연연하지 말고 먼저 시간 목표를 설정하자. 책상에 앉아서 스톱워치를 누르고 책을 펴서 공부를 시작한다. 1시간이 지나면 휴식을 준다고 스스로 목표를 설정하는 것이다.

양보다 질이 중요하다고 하지만 기본적인 양이 뒷받침되어야 질을 따지는 것이 의미가 있다. 공부의 질을 높여 아무리 밀도 높게 공부를 해도 하루 평균 1시간도 스스로 공부하지 않는다면 그 질은 그다지 큰 의미가 없다. 그래서 이른바 '엉덩이 싸움'이라고 하는 수험 생활을 할 땐 책상에 앉아 있는 시간을 최대한 확보해야 한다.

분량으로 계획을 짜는 일도 당연히 필요하다. 하지만 그건 공부하는 시간을 확보하고 내가 하루 얼마 정도 할 수 있는지를 대략이라도 예측할 수 있을 때부터 시작해야 한다. 자신에 대해 모르는 상태에서 다른 사람들이 수학 집합 부분을 1시간 만에 끝내니까 나도 1시간 만에 끝내야 한다고 덤비는 것은 잘못된 접근 방법이다. 나에게 맞추지 않은 공부는 이내 그만두게 된다. 그러니 먼저 1시간을 공부하고 나서 내가 어떤 과목을 얼마나 공부했는지를 기록해보자. 그렇게 공부 습관도 들이고 내가 얼마나 공부할 수 있는지도 알아가는 것이 중요하다.

계획을 세우는 이유는 목표를 이루기 위해서다. 수능을 준비하는 여러분에게 필요한 건 높은 성적이다. 그 성적을 위해 계획을 짜고 하루하루 공부에 매진하며 살아야 한다. 하지만 너무 하기 싫어서 도망치고 싶을 때는 계획에 얽매여 숨막히는 상황에 스스로를 방치하는 것보다 그냥 무엇이라도 공부를 시작하는 게 낫다.

우리 뇌는 인지부조화를 싫어한다. 처음에 공부가 싫다고 생각하고 뇌에서 신호를 보내면 '그래, 난 역시 공부를 싫어해'라고 대답하며 공부를 멀리하기 시작하는 첫 신호가 된다. 하지만 그 순간을 이겨내고 그냥 공부를 하고 있으면 뇌에서는 그 행동에 맞춰 신호를 변화시킨다. '어? 공부를 싫어하는 줄 알았는데 계속하고 있네? 공부를 좋아하나?'라고 묻다가 결국 '공부를 좋아한다'고 결론을 내린다. 적어도 공부하는 데 아무런 위화감이 없도록 스스로 뇌의 인지능력이 변화하기 시작한다.

여러분도 실제 그런 경험을 해보았을 것이다(만일 해보지 않았다면 경험해보길 바란다). 정말 하기 싫은 일이 있어서 피하고 피하다가 결국 어쩔 수 없이 그 일을 하려고 앉았는데 생각보다 그 일이 쉬웠고 '왜 이걸 미루었지?'라고 느끼는 경험. 처음엔 태산같이 높아 보이지만 막상 시작하면 아무것도 아닌 일이 세상엔 많이 있다. 처음부터 많은 걸 할 욕심에 아무것도 하지 못하는 상황을 만들지 말고 그냥 시작하자. 하다가 정말 아니면 그때 그만두어도 늦지 않다.

열심히 공부한
내게 줄 선물 찾기

공부를 열심히 하려는 사람 중 특히 완벽주의자들은 자신을 다그치는 데에만 익숙하고 나에게 선물을 주는 것에는 매우 인색한 사람들이 많다. 사실 나도 그랬다. 목표한 만큼 해내지 못한 날에는 자책하면서 정작 목표를 이룬 날은 너무 당연하게 받아들였다. 바꿔서 생각해보면 내가 어려운 수학 문제를 푸는데 잘못 풀어내면 그것도 못 푸느냐며 다그치던 친구가 나 혼자 힘으로 어려운 수학 문제를 풀어냈을 땐 '뭐 당연히 풀 수 있는 걸 자랑을 하고 그래?'라고 반응하면서 오히려 무안을 준다고 상상해보자(물론 이런 친구는 애초에 곁에 둬서는 안 된다). 이런 일이 반복되면 그 일을 더는 하고 싶지 않을 것이다.

그래서 어떤 일을 잘해냈다면 스스로 칭찬하고 보상을 해주어야 한다. 사람은 질책만으로 살아갈 수 없다. 긍정적인 피드백이 있어야 계속 그 일을 하고 싶어지기 때문이다. 보상이라고 뭔가 거창한 선물을 말하는 게 아니며, 물질적인 보상만 보상인 것도 아니다. 나는 만화책방 주인과 꽤 친분이 생길 정도로 만화책을 좋아했다. 하지만 공부할 시간이 닥쳐오면 만화책과는 멀어져야 했다. 그래서 생각을 해낸 것이 하루 목표한 일과를 다 끝내면 만화책 한 권을 읽을 수 있도록 스스로 허용해준 것이다. 이를 통해 목표한 만큼 공부를 해낼 수 있는 힘이 생겼고 그렇게 공부를 계속 이끌어나갈 수 있었다.

여러분은 여러분의 방법을 찾아야 한다. 우선 내가 무엇을 좋아하는지 생각하고 그걸 적용할 수 있는 걸 해보자. 게임을 좋아한다면 보상을 뒤로 미뤄야 한다. 예를 들어 월~토요일을 내가 열심히 살았으니 일요일에는 게임을 2시간 하겠다. 이런 식으로 잡아야 한다. 밤에 딱 30분만 게임을 하겠다고 하는 건 현실성이 없다는 사실을 스스로 잘 알 것이다. 절대 게임은 30분만 하고 끝낼 수 없다. 다음날 평일에 무리가 가면 안 되기 때문에 주말로 미루어야 한다.

개인적으로 추천하는 방법은 좋아하는 노래를 들으며 집에 온다든지, 보고 싶었던 예능이나 짤방을 보는 걸 권하고 싶다.

즉 분량이 정해져 있어야 한다. 내가 통제해서 끊어내야 하는 일은 시도하지 않길 바란다. 스스로 통제하기가 어려울 가능성이 높기 때문이다. 내가 선택한 만화책은 한 권의 분량이 정해져 있었다. 내가 스스로 끝내는 것이 아니라 끝이 정해져 있기에 해야 할 일을 다 끝낸 다음에 보상으로 읽어도 다음날 지장을 주지 않았다.

최근 사용하는 방법은 일기를 쓸 때 나를 칭찬해 주는 것이다. 오늘 해낸 분량을 적고 'Great', 'Good' 등 잘했다고 표시를 해준다. 꼭 남이 인정해줄 필요는 없다. 스스로 인정하고 칭찬하면서 만족감을 얻을 수 있다. 이처럼 내가 좋아하는 일 중에서 다음날 지장이 가지 않는 보상을 찾기 바란다. 정 못 찾겠다면 스스로 칭찬하는 것부터 시작해보자.

실수로 틀리는
문제는 없다

시험을 보고 나면 "아~ 아깝게 이 문제를 틀렸다"며 내 점수는 이것보다 위라고 자기 위안을 하는 친구들이 있다. 그런 친구들에게 단호하게 말한다. 틀린 문제는 틀린 문제일 뿐 실수로 틀린 게 아니다. 보통 실수라고 생각하는 틀린 문제는 '옳은, 옳지 않은'을 잘못 봤다든지 숫자나 단어를 잘못 봤다든지 하는 경우다. 더 심각한 것은 OMR 마킹을 할 때 잘못 체크를 해서 점수가 낮아진 경우다. 하지만 그 어떤 경우에도 나에게 틀린 문제에 대한 면죄부를 주면 안 된다. 그렇게 하면 발전이 없다. 지금 위에서 언급한 실수 외에도 틀린 문제를 보며 이건 실수로 틀린 거라고 생각하면서 별다른 생각 없이 지나가는 사람이 있다면 그 생각을 확실히 고쳐야 한다.

실수로 틀린 문제가 실수가 아닌 이유는 어쨌든 결과는 틀렸기 때문이다. 시험을 잘 보기 위해서는 단지 문제만 잘 풀면 되는 게 아니다. 당일에 최고의 컨디션을 준비해야 하고, 최악의 컨디션에도 합격점수를 받을 수 있는 실력을 길러야 하고, 정확하게 마킹해서 OMR 카드를 제출할 수 있어야 한다. 아무리 100점으로 문제를 풀었어도 OMR에 실수를 한다면 그건 그냥 틀린 문제다. 아무도 그 문제를 당신이 맞혔다고 인정해주지 않는다. 억울한가? 오히려 그 문제를 정확히 풀고 OMR에 정확히 마킹해서 제출한 사람과 그렇게 제출하지 못한 사람 간에 차이가 있어야 하지 않을까? '옳은'과 '옳지 않은'을 제대로 구분 못한 것도 내 탓이다.

이렇게 강하게 이야기하는 이유는 나 역시 실수라는 이름으로 많은 부분을 덮어보았기 때문이다. 하지만 돌이켜 생각해보면 내게 남는 건 자기 위안밖에 없었다. 틀린 문제는 내가 왜 틀렸는지를 확인해야 하는 일이지 이건 실수로 맞혔으니 내 실력은 이것보다 높다며 스스로 위안해서는 결코 안 된다.

앞서 언급한 '옳은'과 '옳지 않은'에서 종종 실수를 한다면, 문제를 풀면서 '옳은'은 O를 치고 '옳지 않은'은 X를 표시해서 그런 실수가 반복되지 않도록 만든다. 마킹 실수를 막기 위해서는 사전마킹을 하든지 한 번 더 마킹을 검토할 시간을 확보해서 두 번 정도는 확인 할 수 있도록 만든다. 이렇게 같은 실수를 하지 않도록 구체적인 개선 방법을 찾아 실행하는 노력이 필요하다. '다음에는 실수하지 않을 거야!'라고 다짐하는 것은 아무런 소용이 없다. 어떻게 그 실수를 하지 않을지 생각하고 이를 바꾸어나가야 한다.

틀린 이유를 찾기 위해 깔끔한 오답노트를 만들며 시간만 낭비하지 말자. 솔직히 오답노트를 만들어도 다시 보는 일은 잘 없다. 특히 아직 공부가 익숙하지 않아서 많이 틀리는 과목의 경우에는 오답노트를 만들기 위해 대체 얼마의 시간이 필요할지 가늠조차 되지 않는다. 그리고 오답노트라고 하면 틀린 문제에만 집중하는데 사실 찍어서 맞춘 문제도 틀린 문제다. 그러니 그런 부분도 확실히 구분해서 왜 답이 되는지를 명확하게 알아야 한다.

그럼 어떻게 확인해야 할지 이제 방법을 설명하겠다. 먼저 해당 시험지를 이용하자. 내가 푼 시험지를 올려놓고 이게 왜 답인지 검정색 볼펜으로 적어보자. 그리고 해답을 확인한다. 내가 생각한 것과 이유가 같다면 그 문제는 우선 넘어간다. 만일 해답을 확인했을 때 내가 생각한 이유와 다르다면 일단 그 문제를 넘어간 뒤 나머지 문제들도 같은 방식으로 살펴본다. 그리고 나서 아까 적은 이유 중 틀린 문제로 돌아와 파란색 볼펜으로 왜 답인지 이유를 다시 적어보자. 아까 답을 확인했음에도 제대로 기억나지 않는 문제가 있다면 그 과목 참고 노트를 펴서 해당 문제를 옮겨 적는다.

'2018. 6. 12. ○○시험 11번 문제'라고 위에 표시하고 시험문제를 간략하게 검정색 펜으로 옮긴 다음 파란색 펜으로 왜 답이 되는지 해설을 참고해서 나만의 글로 적자. 이때 중요한 키워드는 빨간색 펜으로 적는다(단어만 빨간색으로 적는다). 이렇게 적어두는 문제는 한 과목에 3문제를 넘지 말아야 한다. 많이 적는다고 좋은 게 아니다. 문제를 두고 여러 번 생각했는데도 답을 잘 모르는 문제만 적어두는 것이 오히려 각인효과를 높인다. 한번 써보는 것만으로도 기억력을 높일 수 있다. 그러니 컴퓨터로 치는 디지털 방식보다는 아날로그 방식으로 직접 손으로 쓰자. 시간이 지나면 내가 이 문제를 풀 때 무슨 생각을 했는지 떠올리기도 쉽지 않다. 그러니 시일을 너무 두지 말고 시험을 치른 직후 내가 어떤 생각으로 문제를 풀었는지 아는 상태에서 바로 만들자.

몰입할 수 있도록
하루에 하나만

'몰입'에 대해 연구하고 강의하는 서울대학교 황농문 교수는 '수험 공부를 위한 의도적인 몰입'을 위한 방안 중 하나로 "한 과목을 최소 1주일 이상 공부하라"고 제시했다. 이 방법은 현재 5급 공채나 변호사 시험을 준비하는 수험학원에서는 당연하게 받아들이는 말이다. 그곳에서는 한 과목을 짧게는 1주 길게는 한 달 넘게 가르친다. 한 과목을 1회독 하고 다음 과목을 공부하는 걸 당연하게 여긴다. 여러 과목을 하루 만에 공부하는 것에 대해 황농문 교수는 산을 조금 오르다 마는 것이라며 산의 정상에 가보지 않았는데 어떻게 그 과목이 재미있겠냐고 되물었다.

'몰입'이란 무언가에 흠뻑 빠져 있는 심리적 상태를 의미한다.

즉 공부하느라 시간 가는 줄 몰랐다는 의미는 공부에 완전히 '몰입'했다는 의미다. 앞서도 책은 한 권만 보라고 했듯이 일주일까진 어렵더라도 하루 한 과목 공부를 통해 그 과목을 온전히 이해하는 것이 중요하다. 보통은 여러 과목을 들여다보지 않으면 불안해서 이것저것 계속 뒤적거리다가 무엇 하나 제대로 공부하질 못한다. 하루에 여러 과목을 공부하는 것은 마음에 위안은 줄지언정 이해나 몰입에 좋은 방법은 결코 아니다.

학교 수업 후 바로 복습해라

그렇다면 학교에서는 하루에 여러 과목을 배우는데 이에 대한 복습은 어떻게 하느냐? 그 답은 '수업이 끝난 직후 바로 복습하라'다. 즉 복습에 많은 시간을 들이지 말라는 의미다. 당연히 복습은 중요하다. 하지만 수업을 끝낸 직후 쉬는 시간이나 점심시간에 잠시 짬을 내서 오늘 어떤 부분을 공부했는지 '핵심어' 정도를 살피며 보는 정도면 족하다. 보통 복습을 어떻게 하는가? 선생님이 필기를 많이 해주셨으면 그 필기를 다시 읽어보면 되고, 설명 위주였다면 키워드 중심으로 그 설명을 한 번 떠올려보면 된다. 그리고 해당 과목과 관련해서 다음 수업이 시작되기 전에 그 키워드만 떠올려도 복습에 큰 문제는 없다.

복습에 관해서 가장 많이 인용되는 '에빙하우스의 망각곡선'을 보면 인간의 기억은 시간의 흐름의 제곱에 반비례한다고 한다. 즉 기억한 내용은 시간이 흐르면서 감소하는데 짧은 시간에 급격하게 기억이 사라지므로 이를 보존하기 위해서는 적절한 반복이 필요하다는 뜻이다. 굳이 저녁 자습시간에 따로 복습할 생각하지 말고 수업이 끝난 직후 한번, 다음 수업시간 전에 한번, 나중에 자습시간에 그 과목을 공부할 때 한 번 정도로 반복되는 구조를 만들면 된다.

복습은 나중에 몰입해서 해당 과목을 공부할 때 더 잘 이해할 수 있도록 돕는 도구가 되도록 만드는 것이지 모든 것이 기억나도록 애를 쓸 필요는 없다. 짧은 주기적 반복이 길게 한 번 보는 것보다 장기 기억으로 전환되는 데 도움을 준다.

학원에 다니고 있다면

우선 학원에 다니는 것을 피하라고 말하고 싶다. 자신에게 부족한 과목을 보충하는 용도가 아니라 너무나 당연하게 학원에 다니고 있기에 하는 말이다. 그리고 공부는 혼자 하는 것이다. 가

＊

장 우려되는 것은 학원에 다녀온 것으로 공부를 다 했다고 착각하는 것이다. 하루 공부한 양을 잴 때, 학원에 간 것은 공부 시간에서 제외하고 혼자 순수하게 공부한 시간만 체크해야 한다. 학원에 간 것은 다시 수업을 듣는 것이지 내가 공부를 하는 것이 아니기 때문이다.

학원에 다니길 권하고 싶진 않지만 자신에게 부족한 과목을 보충하기 위해 학원에 다니는 경우, 오늘 학원에서 공부하는 과목을 내가 공부할 한 과목으로 삼아 공부하자. 고등학생이라면 하루에 여러 과목을 다시 학원에서 배울 시간도 없을 것이다. 그러니 학원 시간표에 맞춰서 오늘 학원에서 배운 과목을 내가 공부할 한 과목으로 삼아서 배운 부분을 복습도 하고 몰입도도 높이는 게 좋다. 다시 한 번 강조하지만 학원에 가는 것은 내가 공부한 시간이 아니다. 혼자 공부하는 시간을 늘리는 것이 가장 중요하지만 학원에 다니는 경우가 많은 현실을 감안하여 학원을 다닐 때 공부법에 대해 짚어두었다. 스스로 공부하는 것을 가장 우선시해야 한다.

수험생을 위한
임팩트 공부법

공부를 막 시작하려고 하는 수험생들도 단계가 나뉜다. 굳이 성적으로 나누고 싶진 않지만 객관적인 수치가 없으면 혼란스러워하는 사람들을 위해서 점수로 표기해보았다. 초보라고 낙심할 필요도, 고수라고 자만할 필요도 전혀 없다. 이 점수는 일반적인 시험을 기준으로 내가 확실하게 받을 수 있는 점수를 의미하며 절대적인 기준이 아님을 다시 한 번 밝힌다. 설명을 하기 위해 임의로 나눈 단계일 뿐이다.

초보에게는 공부를 하기 위해 필수적으로 갖추어야할 것들을 제시한다. 중수, 고수를 위해서는 초보를 벗어난 다음에 취해야 할 방법을 설명했다. 초보와 중수인 학생은 고수로 나아가고,

* * *

고수인 학생은 보완할 점을 찾아 활용하면 된다. 공부뿐만 아니라 모든 일을 함에 있어 단순히 '열심히' 한다고 좋은 성과가 보장되는 것은 아니다. '올바른 방향'으로 '열심히' 해야 '좋은 성과'가 따라온다. 이 방법은 올바른 방향을 제시해줄 뿐이다. 열심히 하는 것은 여러분의 몫이다.

초보 - 60점 이하

이제 한번 제대로 공부해보려고 막 결심했는가? 아니면 그동안 나름 열심히 한다고 했는데 그 결과가 참담해서 의욕이 꺾여버린 상태일지도 모르겠다. 하지만 어떤 경우든 상관없다. 그동안 자신이 이루지 못한 과거는 잊고 앞으로 이룰 미래만 바라보며 나아가길 바란다. 60점 이하의 학생들이 꼭 지켜야 할 5가지다.

1. 1분 마음 바꾸기를 통해 공부에 대한 거부감을 없앤다

공부를 하려고 책상에 앉았을 때, 바로 공부를 시작하지 말고 잠깐 기도하듯 눈을 감고 '나는 공부를 좋아한다'고 1분간 나에게 말해준다. 온갖 반발심이 다 떠오를 수 있지만 그래도 꾹 참고 시작하자. 앞서 여러 차례 언급했듯이 공부를 쉽게 하기 위해서는 내가 긍정적인 마음을 갖는 것이 가장 중요하다. 진실한 마음이 아니어도 좋다. 내가 말하고 들으면 '말하는 대로' 된다. 먼저 말해보자.

2. 스마트폰을 꺼라

스마트폰은 시간을 훔쳐가는 무시무시한 도구다. 잠깐 무언가를 검색하려고 켰다가 이것저것 보다 보면 어느새 1시간이 훌쩍 가버린다. 공부를 시작하는 사람들을 방해하는 요소는 친구가 아니라 스마트폰이다. 여러분이 시급히 받아야 할 연락은 거의 없다. 그러니 사물함이나 가방에 넣어두자. 애초에 볼 여지를 없애야 한다. 스마트폰을 없애는 것이 몰입해서 공부하기 위한 가장 중요한 환경 설정이다. 스마트폰을 멀리해라.

3. 공부의 양을 늘려간다

보통 공부의 양보다는 질이 중요하다고들 한다. 하지만 처음 공부를 시작하는 사람들은 공부하는 습관을 만들기 위해 기본적인 최소한의 공부 시간을 확보하는 것이 우선이다. 앞서 시간 목표를 설정하라는 것도 같은 맥락이다. 공부를 할 때는 스톱워치로 시간을 의식해서 매일 일정 시간 이상 공부 시간을 확보해야 한다. 고등학생이라면 평균 수업시간을 제외하고 스스로 최소 4시간은 공부해야 한다. 주말에는 물론 시간을 더 늘려야 할 것이다. 그렇다고 처음부터 4시간을 목표로 잡지 말고 우선 일주일은 나를 관찰해보고 점차 늘려나가자. 공부를 처음 시작하면서 바로 4시간을 목표로 잡으면 이내 지친다. 천천히 하지만 꾸준히 늘려나가면 된다.

4. 하루 한 과목만 공부한다

공부를 시작하면 욕심이 생겨 자꾸 이것저것 공부하려 한다. 하지만 한 과목만 제대로 해내기에도 하루는 너무 짧다. 우선 자신이 관심 있는 과목부터 순서대로 매일 한 과목씩 공부한다. 이틀 이상 한 과목만 공부해도 무방하지만, 질릴까봐 우선 적어도 한 과목을 하루 정도는 보라는 의미다. 이 산에 오를까 저 산에 오를까 고민하며 중도에 내려오지 말고 산의 정상을 밟자.

5. 매일 성장일기를 쓴다

일기는 아마 초등학교 방학 숙제로 한 뒤에는 잘 쓰지 않았을 것이다. 하지만 나에 대한 기록을 남기면 나중에 좋은 추억이 된다. 물론 성장일기는 일반적인 일기가 아니다. 우선 첫 줄은 오늘 공부한 내용을 간단히 단어 중심으로 적고 공부한 쪽수와 시간을 적는다. 두 번째 줄은 공부한 내용에 대한 자신의 느낌을 적는다. 셋째 줄은 나에게 하고 싶은 말을 적는다. 이렇게 매일 노트에 적으면서 특히 세 번째 줄은 긍정적으로 나에게 말을 해준다. '왜 이것 밖에 못했냐?'는 질책 대신 '오늘 이만큼 하느라 수고했어'라는 긍정어를 사용해서 계속 공부에 대한 긍정적인 감정을 갖도록 해주는 것이 중요하다. 성장일기는 매일 성장하는 내 모습을 스스로는 보기 힘들어 이내 지치기 쉽기에 적는 것이다. 매일 1센티미터씩 자라는 나무와 1년이 지나면 한 번에 365센티미터가 자라는 나무가 있다면 어느 쪽이 더 키우기 쉽겠는가? 당연히 1센티미터씩 자라서 내가 물을 주고 가꾼 보람이 있는 나무일 것이다. 하지만 공부는 그렇게 가시적인 성과가 잘 드러나지 않는다. 그래서 스스로 보여주는 것이다. 잊지 말자. 공부하는 나는 매일 성장하고 있다.

> 예) 한국사 – 고대사 정치: 화백회의, 정사암회의, 제가회의
>
> (30~70쪽) 4:15
>
> 고대사 정치는 잘 알고 있다고 생각했지만 막상 공부하니 처음 보는 용어도 있었다. 오늘 체육 수업도 해서 피곤했을 텐데 목표대로 공부하느라 수고했어.

* ✳ *

중수 - 60~85점

조금 위험한 단계다. 아예 모르는 것도 아니고 그렇다고 완전히 아는 것도 아니다. 이런 경우 자기만의 아집이 생겨서 다른 사람의 말에 귀 기울이지 않을 수 있다. 더 좋은 길이 있음에도 기존에 해오던 방식을 고수하기 때문에 현상 유지는 하되 더는 나아지지 못할 수 있다는 뜻이다. 그러니 여기서 제시하는 방법을 기존 방식에 접목하여 하루빨리 고수로 나아가길 바란다.

1. 내가 공부할 수 있는 양을 파악한다

성장일기 등을 통해 매일 내가 어떤 과목을 얼마나 공부할 수 있는지를 정확히 파악해야 한다. 막연히 다른 친구가 하루 만에 이 단원을 공부했으니 '나도 할 수 있겠지'라고 생각하면 안 된다. 사람마다 능력은 다를 수밖에 없다. 다른 것이 당연하다. 그러니 오늘 4시간 동안 100쪽을 공부했다면 그것을 기록하면서 스스로 공부할 수 있는 분량을 파악해야 한다. 나를 먼저 아는 것이 고수가 되는 첫걸음이다.

2. 시간과 분량 계획을 세운다

처음 공부를 하면 시간에 치중하지만 내가 매일 얼마나 공부할 수 있는지를 알게 되면 분량 계획도 쉽게 세울 수 있다. 분량은 내가 이전에 공부한 양의 1.2배 즉 120퍼센트 정도로 올려서 잡는다. 4시간 동안 100쪽을 공부했다면 2회독 할 때는 120쪽을 목표로 설정한다. 회독 수가 올라가면 같은 양을 공부해도 시간이 짧아지기 마련이다. 점점 더 공부 속도가 빨라지는 나를 느끼게 될 것이다.

3. 3일 동안 한 과목만 공부한다

적어도 3일은 같은 과목을 계속 공부해라. 물론 내일 바로 시험을 봐야한다면 내일 보는 여러 과목을 공부해야 한다. 이 명제는 평범하게 공부하는 일상에 적용할 방법이다. 단 하루 만에 한 과목 공부를 끝낼 순 없다. 처음 공부할 땐 지겨울까봐 적어도 하루 한 과목을 언급했을 뿐 본래 한 과목이 끝날 때까지 계속 공부하는 것이 몰입하는 데 더욱 효과적이다. 그러니 중수로 올라오면 3일 정도는 한 과목을 공부해서 적어도 그 과목의 절반 이상을 공부하자.

4. 일주일에 한 번 이상 테스트를 한다

3일에 한 과목을 공부하면 한 주 동안 2과목 정도를 공부할 것이다. 2과목을 같이 시험 치기보다는 한 과목을 공부한 마지막

날 혹은 바로 다음날 해당 과목에 공부한 범위까지 시험을 치자. 새로운 연습문제도 좋고 이미 공부한 문제를 다시 풀어도 좋다. 문제를 풀고 답을 매긴 뒤 틀린 문제는 왜 틀렸는지 적어본다. 여러 번 반복해서 보는 것도 중요하지만, 더 중요한 것은 여러 번 체크하는 것이다. 계속 점검하여 내가 모르는 것을 확실히 알고 가는 것이 중요하다.

5. 수업이 끝나면 5분간 바로 복습한다

매일 최소 4시간 이상 한 과목만 공부하려면 수업시간에 배운 과목은 학교 안에서 끝내야 한다. 수업이 끝나고 쉬는 시간 5분만 잠깐 투자해서 무엇을 배웠는지 간단하게라도 다시 넘겨보자. 선생님이 교과서로 진도를 나갔으면 교과서를 다시 보고, 필기를 해주었으면 필기 위주로 보면 된다. 무엇을 공부했는지 확인한다는 느낌으로 간단히 보면 된다. 그리고 그 과목의 다음 수업 시작 전에 1분 동안 간단히 저번 시간에 무엇을 공부했는지 다시 확인하자. 이렇게 학교 수업 전후로 간단하게 복습하고 나중에 그 과목을 공부할 때는 배운 것을 다시 또 복습하면 최소 3번은 복습할 수 있다. 시험 전에 한 과목을 여러 번 공부했다면 시험 전날 다시 그 과목을 공부하는 것만으로도 충분하다.

＊＊＊

고수 – 85점 이상

나름 만족하고는 있지만 더욱 발전하고 싶다면 새로운 방법을 시도해보아야 한다. 남에게 설명하긴 어렵지만 이미 자신만의 방법을 구축하고 있을 것이다. 자신의 방법을 완전히 새것으로 바꾸기보다 자신의 방법에 다음 5가지 방법을 접목하여 공부법의 완성도를 높여보자.

1. 1회독 할 때까지 한 과목만 공부한다

고수 단계에 이르면 한 과목에 대한 전반적인 내용을 알고 있다. 그러나 고수도 디테일이 부족해서 틀리는 문제가 있다. 그리고 초보, 중수에 비해 한 과목을 1회독 하는 데 걸리는 시간이 비교적 짧다. 일주일 안에 한 과목을 충분히 공부할 수 있다. 이때 한 과목을 완전히 마스터하는 것이 아니라 한 과목에 대한 한 권의 문제집만 푼다. 만일 문제가 너무 많은 문제집이면 홀수 혹은 짝수 번 문제만 풀더라도 한 과목만 공부한다. 이렇게 공부하면 몰입도도 올라가고 공부한 내용을 구조적으로 기억하기가 쉽다. 한 책(과목)의 각 장은 유기적으로 구성되어 있다. 전반부를 이해하면 후반부를 이해하기 쉽고, 후반부를 이해한 뒤에야 전반부가 더 잘 이해되기도 한다. 또 한 과목을 집중해서 공부하면 그 과목에 대한 체계를 파악하기가 쉬워지고 이는 이해력과 암기력을 높여준다. 1회독 속도는 길어도 일주일로 잡고 한 과목을 일주일 안에 1회독 해보자.

2. 기출문제를 완벽하게 파헤쳐라

자신에게 맞는 수능 기출문제집을 골라 기출문제 위주로 공부하자. 간혹 기출문제에 대해 이미 나온 문제니까 다시 출제되지 않을 거라며 등한시하는 학생도 있다. 하지만 이는 정말 잘못된 생각이다. 기출문제는 앞으로 나올 문제를 미리 보여주는 가장 시험에 가까운 문제다. 이 문제는 같은 유형으로 계속 시험에 출제된다. 일반적으로 시험은 기존에 나온 형태 60퍼센트, 업그레이드 유형 20퍼센트, 신유형 20퍼센트 정도로 배치한다. 다시 말해 기출문제만 잘 알아도 60점은 확보한다는 얘기다. 그리고 기존 유형의 업그레이드나 신유형 역시 기존의 틀에서 발전하는 것이지 하늘에서 뚝 떨어지는 것이 아니다. 그러니 기출문제는 완벽히 파악하고 있어야 한다. 시간이 촉박할수록 기출문제를 우선해서 공부해야 한다. 단순히 문제를 푸는 것이 아니라 선택지 하나하나를 분석하고 파헤쳐 그 이유를 찾아야 한다. 왜 이렇게 출제했는지를 생각해보며 공부를 해야 한다.

3. 완벽한 하루를 살자

완벽한 하루에 도전하자. 어떤 요일에 어떻게 할지 최소 1시간 단위로 계획을 한다. 그리고 계획한 그대로 하루를 살아보는 것이다. '공부의 신' 강성태는 18시간 동안 공부만 하기에 도전해보라고도 한다. 18시간 공부에 도전해도 좋지만 스스로 생각하는 완벽한 하루는 모두 다르다. 그러니 스스로 계획하고 스스로 이루어보자. 완벽한 하루를 살기 위해서 전날 잠들 때부터 마음의 준비를 하자. 다음날 계획한 시간에 일어나서 씻고, 식사를 한 뒤 무엇을 공부할지까지 계획되어 있어야 한다. 완벽하게 계획한 하루를 내가 실제로 이루어 내면 나에 대한 자신감이 생긴다. 성공할 때까지 시도해보자. 그리고 성공하고 나서도 계속 도전해보자. 완벽한 하루가 모여 완벽한 내가 만들어진다.

4. 매일 기억에 남는 단어를 떠올려라

하루 공부를 다 끝냈다면 스스로 수고했다고 다독이며 성장일기를 쓰고 집에 간다. 이때 성장일기를 쓰기 전 빈 종이에 오늘 공부한 내용의 단어를 떠올려보자. 공부를 제대로 했다면 분명 오늘 공부한 내용 중에 핵심단어가 떠오를 것이다. 1분 동안 떠오르는 단어를 다 적으면 헷갈리는 단어도 있고 잘 떠오르지 않은 단어도 있을 것이다. 그럴 땐 바로 책을 펴서 간단하게 슥슥 넘

$$* * *$$

겨본다. 그리고 잘 생각나지 않았던 단어는 아까 쓴 빈종이 위에 빨간색 펜으로 적어본다. 오늘 공부한 것을 오늘 바로 복습하는 것이다. 그리고 내일 공부를 시작하기 전에 전날 적은 단어를 한 번 읽고 공부를 시작한다. 또 한 과목 1회독 공부를 끝냈을 때 한 번 더 전체를 읽어본다. 이렇게 반복하면 최소 3번을 복습 할 수 있다. 처음부터 모든 것을 외우려 하지 말고 계속 반복할 수 있는 사이클을 만들자.

5. 실전처럼 테스트를 한다

한 과목 공부를 끝내면, 끝난 날 혹은 다음날 바로 전 범위 테스트(모의고사)를 실전처럼 푼다. 시간을 정해서 풀고, 할 수 있다면 OMR 마킹까지 연습하는 것이다. 그 연습을 통해 실전 적응력도 높이고 내가 얼마나 알고 있는지 바로바로 점검하여 기억력을 더 높일 수 있다. 문제를 풀어서 틀리면 그 부분은 내가 공부는 했지만 잘 이해가 가지 않았던 부분일 것이다. 그 부분을 다시 한 번 생각하고 고민해보면 그 과목에 대한 이해도도 높아진다. 연습은 실전처럼 실전은 연습처럼. 틀리는 것을 두려워하지 말고 계속 나를 점검해보자.

제5장

대학 학점

공부를 좋아하게 만들자

나는 무엇을 위해 공부하는가?

내가 공부를 하는 이유 10가지

아무리 공부가 하기 싫은 사람이라 해도 '공부를 해야 하는가?' 라는 물음에는 '해야 한다'고 답하며 공부의 당위성에 공감할 것 이다. 물론 앞에서도 말했듯 임팩트 공부법에서 중요한 목표는 억지로 공부를 하지 않도록 만드는 것이다. 그렇다면 자발적으 로 공부하기 위해서는 내가 왜 공부하고자 하는지를 살펴보아야 한다. '엄마가 공부를 하라고 해서요'라든지 '공부를 하지 않으 면 안 된다고 해서요' 등 다른 사람들이 설정한 동기는 내가 자 발적으로 공부해야 할 이유가 될 수 없다.

＊＊＊

진지하게 왜 공부를 해야겠다는 마음이 드는지 잘 살펴보아야 한다. 그저 생각으로만 막연히 떠올리면 와닿지 않으니 내가 공부를 해야만 하는 이유 10가지를 한번 적어보자.

① _____
② _____
③ _____
④ _____
⑤ _____
⑥ _____
⑦ _____
⑧ _____
⑨ _____
⑩ _____

5가지 정도는 일반적인 이유가 재빨리 떠오를 것이다. 그러나 7가지를 넘어가면서 진짜 내가 원하는 이유가 나오기 시작한다. 어차피 혼자 볼 거니 속물처럼 느껴지더라도 상관없다. 오히려 그렇게 자신의 진짜 마음을 알아가길 바란다. 혹시 적어보지 않고 귀찮아서 그냥 넘어가려고 하는가? 직접 생각하고 써보지 않는다면 여러분은 지금과 전혀 달라지지 않을 것이다. 아무것도 쓰지 않는다면 아무것도 변하지 않는다.

대학에 입학하자마자 당장 공부를 꼭 해야 하는 이유를 찾기 어려울 수 있다. 특히 학과 공부보다는 어려운 취업 시장에서 빨리 승리하기 위해 여러 가지 다른 공부를 시작하는 학생이 많은 것으로 안다. 그래서 좀더 현실감 있는 설명을 위해 내가 7급 공무원 시험공부를 시작하면서 생각한 것을 중심으로 대학생에게 필요한 공부법에 대해 설명하겠다. 다음은 내가 7급 공부를 시작한 이유 10가지다.

① 이것 외에 딱히 떠오르는 시험이 없어서

② 다른 시험이나 취직을 위한 토익시험을 준비하고 싶지 않아서

③ 대학교에서 공부한 전공을 살리기 위해서

④ 사기업에 취직하고 싶지 않아서

⑤ 보수는 적지만 가장 안정적일 거 같아서

⑥ 정년까지 법적으로 보장되기 때문에 평생 일을 할 수 있어서

⑦ 부모님이 기뻐하실 것 같아서

⑧ 합격하면 다시 나에 대한 자신감이 생길 것 같아서

⑨ 사람들이 인정해줄 것 같아서

⑩ 사회에 쓸모 있는 사람이 될 거 같아서

내가 정말 공부를 하는 이유

위 10가지 중 겹치는 부분도 있다. 하지만 갈수록 낮아지는 내 자존감을 높이기 위한 수단이 공부를 통해 7급 시험에 합격하는 거라는 마음이 들었다. 처음에는 특별히 하고 싶은 게 없어서 한다는 느낌이었지만 갈수록 다른 사람들에게 인정을 받고 싶은 욕구가 생각보다 컸음을 느끼게 되었다. 그래서 한 줄로 정리했다.

'7급 공무원 시험 합격을 통해 나의 자존감을 높이자.'

공부를 하고 싶은 이유를 정리한 이 한 줄을 책상 앞에 붙여 두고 되뇌어보자. 내가 '자율적으로' 생각해낸 공부를 해야 하는 이유, 이것이 바로 내가 공부를 하는 이유다. 그리고 이 이유가 내가 계속 공부를 해나갈 수 있는 원동력이 될 것이다.

나는 왜 공부를
싫어할까?

✳

공부를 싫어하는 이유 10가지

공부를 정말 죽어도 좋아하지 못할 것 같은 사람이라도 지금부

터 딱 10분만 투자해서 공부를 싫어하는 이유 10가지를 한번 적

어보자. 3~4가지는 피상적으로 바로 즉답을 할 수 있다. 하지

만 10가지를 생각해보면 막연하게 떠오르는 생각이 아니라 내

진짜 속마음을 알 수 있다.

① _____

② _____

③ _____

④ _____

⑤ _____

⑥ _____

⑦ _____

⑧ _____

⑨ _____

⑩ _____

적어보았는가? 공부를 싫어하는 이유는 끝도 없다고 생각할 수 있지만 하나하나 적어보면 생각보다 10가지를 채우는 일이 쉽지 않다. 굳이 10가지를 다 채우라고 하는 것은 고민해보며 적어보길 바랐기 때문이다. 나는 7급 공부를 시작하기 전 내가 공부를 싫어하는 이유가 다음과 같이 떠올랐다.

① 재미가 없다.

② 문제를 풀었는데 틀리면 짜증난다.

③ 열심히 공부해도 좋지 않은 결과가 나올까봐 두렵다.

④ 여행이나 취미생활 같은 여유를 즐길 시간을 주지 않는다.

⑤ 내가 싫어하는 과목도 공부해야 한다는 것이 싫다.

⑥ 사회생활을 하고 있는 다른 친구들을 보면 공부만 하는 내가
　뒤처지는 기분이 든다.
⑦ 내가 희생당하는 기분이 든다.
⑧ 이 공부를 해서 대체 어디에 써먹나 하는 회의감이 든다.
⑨ 몸이 안 좋아지는 것 같다.
⑩ 내 인생을 결정짓는 유일한 척도인 것 같아 두렵다.

내가 공부를 정말 싫어하는 이유

10가지를 억지로 쓰든 한 번에 쭉쭉 적어나가든 그 모든 것 중
가장 날 힘들게 하는 원인이 보일 것이다. 처음에는 '공부가 싫
다'고 생각하면서도 왜 싫은지는 살펴보지 않는다. 너무나 당연
하게 여기기 때문이다. '그냥'이라는 막연한 말은 그저 회피일
뿐이다. 자신을 살펴보면서 왜 싫은지 한번 생각을 해볼 필요가
있다.

　나는 '결과에 대한 두려움'이 가장 컸다. 나 역시 평범한 학생
이었기에 좋지 않은 결과도 받아보았고, 특히 7급 공부를 시작
하기 전에는 자존감이 매우 낮아져 있었다. 다른 시험에서 불합
격을 받아봤기 때문에 '이것도 떨어지면 어떡하지?'라는 부정적

인 감정 상태가 날 지배하고 있었다. 하지만 이렇게 공부를 싫어하는 이유가 무엇인지 곰곰이 생각해보면 그렇게 거창한 것이 아님을 알게 된다.

그냥 아무렇지 않게 공부가 정말 싫다고 입에 달고 다니지 말고 정말 왜 싫은지를 알아야 한다. 원인 분석이 되어야 해결책이 나오기 때문이다. 이제 그 원인을 파악했으니 해결책을 마련해보자.

공부에 대한
관점을 바꿔보자

사람의 뇌는 질문 받는 내용에 따라 판단 과정이 달라진다. 아까 공부를 싫어하는 방법을 생각하면서 오직 부정적인 면에만 초점을 맞추었을 것이다. 이번에는 그런 공부를 어떻게 즐길 수 있을지 고민해보면서 공부의 긍정적인 면을 찾아보자.

뇌는 질문에 답하기 위한 해결책을 제시할 것이다. 믿기지 않는가? 이와 관련해 '보이지 않는 고릴라'라는 유명한 실험도 있다. 1999년 미국의 심리학자 크리스토퍼 차브리스와 대니얼 사이먼스는 학생들을 각 3명씩 나누어 한 팀은 검은 옷, 다른 팀은 흰옷을 입게 했다. 그리고 이들이 서로 농구공을 패스하는 장면을 동영상으로 찍어 피험자들에게 보여 주었다. 피험자들에게 검은 옷 팀은 무시하고 흰옷 팀이 패스한 수를 세게 했고, 영상이 끝난 후 물었다. "혹시 선수들이 아닌 다른 누군가를 보았습니까?" 이 질문을 받은 학생들은 어리둥절해 했다. 사실 이 영상에는 고릴라 옷을 입은 학생이 가슴을 두드린 후 퇴장하는 모습이 담겨 있었다. 그러나 흰옷 팀의 패스에 집중한 나머지, 피험자들의 절반 정도가 고릴라를 보지 못했다.

이는 한 가지에 집중하면 명백히 존재하는 다른 것을 보지 못하는 현상인 '선택적 지각'에 대한 실험이었다. 어떤 대상에 대해 싫은 것만 생각하면 계속 싫은 것만 보인다. 바꾸어 말하면 즐길 방법에 집중하면 얼마든지 즐길 방법이 보인다는 뜻이기도 하다. 공부를 즐길 수 있는 방법에 초점을 맞추었는가? 그렇다면 이제 공부를 즐길 수 있는 방법 10가지를 한번 적어보자.

① _____
② _____
③ _____
④ _____
⑤ _____
⑥ _____
⑦ _____

공부를 즐길 수 있는 방법? 아까 공부를 싫어하는 이유를 적을 때와 달리 혹시 하나도 적지 못했는가? 그렇다면 내가 떠올린 방법을 한번 읽어본 뒤 다시 생각해보길 바란다. 요점은 공부를 즐길 수 있는 방법을 생각해본다는 것이다. 내가 떠올린 10가지 방법은 다음과 같다.

① 좋아하는 과목부터 공부한다.

② 어려운 문제를 풀지 않는다.

③ 일주일에 적어도 하루는 휴식을 취한다.

④ 하루 30분 이상 운동을 한다.

⑤ 마음에 드는 필기구와 노트를 산다.

⑥ 모의고사를 자주 치지 않는다.

⑦ 다른 수험생과 만나지(비교하지) 않는다.

⑧ 세세한 일일 목표량을 정하지 않는다.

⑨ 시험에 대한 결과를 떠올리지 말자.

⑩ 독서실에서 공부가 안 되면 도서관에 간다.

＊ ＊ ＊

효율적인 방법만을 생각하는 사람들에게는 저렇게 공부해서 언제 시험에 붙겠냐는 생각이 들지도 모르겠다. 다시 강조하지만 아무리 효율적인 방법이라도 싫어하는 감정으로 시작한다면 계속 공부하는 데 한계가 있다. 고민을 해가며 10가지나 생각해보게 하는 이유는 틀에 박힌 통념에서 벗어나 상식 밖으로 범위를 확장해야 나에게 맞는 방법이 떠오르기 때문이다.

틀에서 벗어나 자유롭게 서술하면 된다. 다른 사람들이 볼 때 이래서 공부하겠냐고 물어도 상관없다. 그런 말을 할 사람이면 그 사람에게는 이런 방법을 구태여 말할 필요도 없다. 그저 자유롭게 본인이 즐기며 공부할 수 있는 방법을 적어보자.

방법은 사람마다 각양각색일 것이다. 자신이 즐길 수 있는 공부법과 앞서 제3장에서 설명한 공부법을 잘 접목한다면 '나만이 즐길 수 있는 공부법'을 찾을 수 있을 것이다. 너무 조바심 내지 말고 공부하는 것이 고통이 되지 않도록 만드는 것이 우선이다. 고통스러운 공부는 그렇게 찾던 효율적인 방법조차 비효율적으로 만드는 가장 큰 실수다. 적어도 공부를 싫어하지는 않도록 만들어야 한다.

하루 1분
마음 바꾸기

이제 본격적으로 마음을 바꿔보자. 먼저 처음부터 공부를 정말 좋아하게 될 거라는 환상은 버리고 시작하자. 첫눈에 반하기엔 이미 우린 그동안 공부를 너무 많이 만나왔다. 친구에 비유한다면 공부는 이미 오랫동안 알고 있던 친구를 매우 좋아하게 되는 것과 비슷하다. 그 친구에 대한 지금의 감정은 사람마다 다 다를 것이다. 호감을 가지고 좀더 친해지고 싶은 사람도 있을 것이고, 저 친구랑 친해져야 하긴 하는데 왜 이렇게 거리감이 느껴지나 싶은 사람도 있을 것이고, 어쩌면 저 애 옆에는 가기도 싫다고 느낄 수도 있다.

옆에 가기도 싫은 정도라면 사실 그 사람은 그냥 피하는 게 좋다. 그러나 여기서는 매우 어릴 적부터 그리고 지금도 계속 같은 학교, 같은 반에 있으면서 심지어 바로 옆자리에 앉아 있어서 이 친구를 싫어하기엔 내가 너무 피곤한 상태라고 가정하자. 사람을 싫어하는 것은 상당히 감정 소모가 크다. 그렇다고 이런 친구를 단 한 순간에 좋아하게 될 순 없다. 조금씩 마음을 열고 그 친구에 대해 알아가야 한다.

먼저 공부를 시작하기 전 1분만 투자하자. 처음 시작할 때 타이머 등을 이용해서 시간을 맞춰두고 눈을 감고 집중한다. 앞서 나는 공부를 싫어하는 10가지 이유 중에서 가장 큰 이유가 '결과에 대한 두려움'이라고 생각했다. 그래서 눈을 감고 1분 동안 "결과를 내려두고 과정에만 집중하자. 결과는 지금 내가 노력하면 충분히 바뀔 수 있다. 결과에 마음을 쓰지 말고 과정에만 오직 집중하자"고 되뇌며 그 원인에 대한 해결책을 계속 나에게 말해주었다.

그리고 나서 마지막 10초 정도는 "나는 공부를 좋아한다. 나는 오늘도 공부를 즐겁게 한다. 나는 오늘도 공부를 즐긴다"고 나에게 말해주었다. 이 세 문장은 꼭 말을 해서 귀에 들리도록 해야 한다. 독서실이라면 아주 작게라도 내 귀에 들리게 하든지 문 앞에서 하고 들어오든지 하면 된다. 꼭 내 입으로 말하고 내 귀에 들리도록 말하자.

＊＊＊

이렇게 1분만 투자해도 마음의 부담이 훨씬 덜하다. 지금 당장 공부가 좋아지진 않지만 적어도 부정적인 감정은 다소 줄어들기 시작한다. 이렇게 매일 1분씩 공부를 시작하기 전에 '의식'을 행하자. 식사를 한 뒤에도 공부를 하고 싶지 않다는 부정적인 감정이 끼어들면 또 똑같이 1분을 투자하자. 정말 아무것도 아닌 것 같지만 공부를 시작하기 전에 '나는 공부를 좋아한다'고 계속 말하면 정말 좋아하는 것 같은 생각이 든다. 사람의 뇌는 생각보다 속이기 쉽다. 그리고 정말 공부를 즐기기 시작하는 순간부터는 나의 기억력과 이해도가 그 전보다 몇 배는 더 올라갈 것이다. 반대로 아무리 공부가 싫어도 '싫다'는 말을 내뱉지 않도록 주의하자. 유재석의 〈말하는 대로〉처럼 정말 말하는 대로 생각하게 된다.

질책 대신 선물로
좋은 습관을 만들자

자기관리라는 말은 스스로 '통제'한다는 느낌이 강하다. 그리고 통제한다는 말은 상당히 부정적인 느낌이 든다. 뭔가 잘못된 행동을 했을 때, 체벌을 통해 그 행동을 하지 못하게 억압하는 것과 비슷한 느낌이다. 이는 스키너의 조작적 조건화 중 '처벌'을 통해 특정 행동이 반복되어 나타날 가능성을 감소시키는 것과 유사하다.

하지만 이런 부정적 자극은 일시적으로 행동을 억압할 뿐 영구적이진 않다. 그리고 주변 상황들도 나에게 긍정적인 보상보다는 부정적 자극을 주는 일이 많다. 내가 나를 통제해봐야 공부를 방해하는 것을 일시적으로 막을 뿐 장기적으로 지속하기는 어렵다.

그래서 내가 목표를 세우고 그 목표를 달성했을 때는 나에게 선물을 주어야 한다. 나는 수험생 시절에는 일주일 동안 어떻게 공부할지 목표를 세우고 그 목표를 달성한 날에는 뒤에 공부 시간이 남아 있어도 바로 쉬었다. 예를 들어 이번 주에는 헌법 기출문제를 1회독 하자고 계획을 세우고 공부를 해서, 처음 계획은 금요일 즈음으로 잡았는데, 예상보다 빨리 목요일 오후에 1회독을 끝냈다. 그러면 목요일 저녁에 새로운 과목을 공부하는 것이 아니라 뒤에 남은 시간엔 독서실을 떠나서 가고 싶은 곳으로 향했다. 시간이 아깝다고 이어서 공부하며 나를 몰아붙이는 것보다 작은 목표를 달성했을 때 일정한 보상을 줌으로써 계속 할 수 있는 힘을 준 것이다.

이런 방법은 직장 생활을 할 때 더 중요하다고 생각한다. 업무는 끝없이 몰려온다. 수험 생활 때는 오히려 스스로 정한 계획이 있고 이 계획이 끝나면 멈출 수 있다. 하지만 직장 생활에서는 내가 오늘 A를 끝내자고 다짐하며 출근을 해도 갑자기 B, C, D 관련해서 일이 터지면서 A를 손도 못 대는 경우도 발생한다. 그리고 이 일이 끝나면 저 일도 해야 할 것 같아 아무런 휴식 없이 달리는 경우가 있다. 단기적으로는 달릴 수 있지만, 장기적으로는 이내 나를 지치게 하고, 천천히 달리는 것도 포기하고, 아예 경로를 이탈할 수도 있다.

　이를 막기 위해서는 위와 같이 내 예상과 다른 문제가 발생했을 때, 본래의 목표 A에 집착하며 스트레스를 받지 말고 B를 끝내는 것으로 목표를 바꾸자. 그리고 B가 끝나면 잠시라도 내게 해냈다는 성취감을 느끼게 하자. 이때 꼭 선물을 '휴식'으로만 생각할 필요는 없다. 그저 나에게 보상을 해주는 것이라면 무엇이든 가능하다. 내가 먹고 싶은 음식을 먹는 것, 가보고 싶었던 곳에 가는 것 등 무엇이든 내가 좋아하는 것을 하면 된다. 지나치게 현재의 흐름을 깨는 것만 아니라면 내가 하고 싶었지만 참았던 일을 실행에 옮기자.

　자기관리라는 게 말처럼 쉽지 않다. 나를 억압하는 요소가 많기 때문이다. 아침에 일찍 일어나기 위해서는 잠을 참아야 하고, 살을 빼기 위해서는 음식을 참아야 하고, 어떤 목표를 이루기 위해 지금 당장 하고 싶은 것을 참아야 하는 경우가 많다. 계속 참는 것만 요구하면 결국 왜 이렇게까지 해야 하는지 자괴감에 빠지기 쉽고, 이어서 나를 질책하기도 하면서 심하면 슬럼프로 이어진다. 특히 자기관리를 중시하는 사람들은 자신에게 엄격하게 대하는 경향이 있어 자기관리를 잘해도 이를 당연한 것으로 여겨 자신에게 선물을 준다는 것에 대해서는 인색해지기 쉽다.

＊＊＊

처음에는 나도 이런 방식으로 나를 통제하는 것이 정답이라고 생각했다. 예를 들어 아침 5시에 일어나자고 마음을 먹고 이를 실천에 옮겼는데 처음에는 잘 되다가 나중에 되지 않으면 나에 대해서 엄청나게 질책했던 기억이 있다. '왜 할 수 있는데 하지 않느냐'고 힐난하며 나를 몰아세웠다. 하지만 이 방법은 나를 금방 지치게 하고 나중에는 나는 원래 이렇게 할 수 없는 사람이라는 자괴감만 들어 결국 일찍 일어나려는 시도 자체를 포기하도록 만들었다.

그래서 내가 택한 방법은 질책 대신 선물을 보상으로 주는 것이다. 아침에 내가 정한 기상 시간에 일어나지 못했을 때 자책하지 말고 나를 살살 달래듯이 아침에 밥이라도 먹고 가야 하지 않겠냐며 다독이는 마음으로 평소보다 조금이라도 일찍 일어나도록 유도한다. 그렇게 해서 평소보다 10분이라도 일찍 일어나면 스스로 거울을 보며 잘했다고 웃어준다. 3주 정도 기간을 두고 계속 시도하다 보면 적어도 이전보다 1시간 정도는 일찍 일어날 수 있게 될 것이다.

일어날 시간이 되면 벌떡 일어나길 바라는 마음은 누구보다 잘 안다. 나도 『미라클모닝』과 『아침 5시의 기적』을 정말 열 번 이상 읽었다. 하지만 쉽지 않았다. 그리고 그렇게 일어나지 못하는 나를 보는 것도 힘들었다. 내가 싫어지고 내가 나를 비난하게 되는 악순환이 이어졌다. 뒤집어 생각하면 평소 7시에 일어나던 사람이 갑자기 5시에 일어나는 게 더 신기한 일 같지 않은가? 그 신기한 일을 한 번에 해내지 못했다고 질책하지 말고 조금씩 나아지는 나를 칭찬하고 이를 선물로 보상해주자. 그럼 어느새 내가 원하는 좋은 습관을 갖게 될 것이다.

'이생망'을 인정해도
지금의 삶은 계속 된다

다음 생까지 기다릴 것인가

요즘 세상을 비관적으로 보는 신조어가 많아지고 있다. 그중 '이생망'이라는 단어는 '이번 생은 망했다'는 의미다. 결국 지금 삶이 바뀌기 위해서는 다시 태어나는 수밖에 없다는 것이다. 이 단어의 의미와 같이 이번 생이 망했다고 인정하며 자조하는 사람들이 많아지고 있다. 특히 청년층에서 이런 자조적인 인식이 퍼지고 있다.

그래 좋다. 나 역시 이 단어를 인정한다. 하지만 이를 인정한다면 과연 그 뒤에 내 남은 생은 대체 어떻게 해야 할까? 나는 이 단어를 인정하는 사람들을 비난하는 것이 아니다. 지금 청년 층에게 현실이 가혹하다는 건 공감하고도 남는다. 다만 나는 그렇다고 막 살면 되는 건지 되묻고 싶을 뿐이다. 인정한 뒤에 남는 것이 무엇인지 궁금하다. 어차피 망했으니 사회 탓만 하며 하루하루 하릴없이 보낼 것인가?

나도 무기력해져서 아무것도 하기 싫었던 시간이 있었다. 준비했던 시험에 떨어지고 나는 쓸모없는 사람이라는 생각이 퍼져 아무것도 할 수 없었다. 잠을 자고 일어나면 드라마를 보며 '하루가 참 길다'고 느꼈다. 그렇게 한 달쯤 지나갔고, 악순환이 계속되었다. 아무것도 하지 않고 그저 눕거나 앉아서 하루를 보내니 살이 쪘다. 사람을 만나고 싶지 않았고, 우울해지니 다시 누워있는 생활의 반복이었다.

이 악순환은 체중계에 올라갔을 때 깨졌다. 고3 때보다 더 몸무게가 많이 나가 최고체중을 찍은 내 모습을 보며 먼저 움직이자고 생각했다. 우선 몸이라도 챙겨야겠다고 생각했다. 그래서 헬스를 시작했다. 보통 무언가를 시작하자고 마음먹으면 이것저것 많은 계획을 세우고 싶어 한다. 하지만 한 번에 모든 것을 이루려 하는 것은 욕심이다.

그 당시에 나는 공부가 너무나 하고 싶지 않았고, 그냥 이번 생이 빨리 끝나기를 기도한 적도 있을 만큼 절망 속에 있었다.

하지만 난 내 손으로 삶을 끝낼 힘조차 없었다. '자살'을 거꾸로 하면 '살자'라는 단어라는 그 관용구는 죽으려 하는 사람에게 별다른 힘이 되지 못한다. 그리고 어쩌면 자살도 내가 움직여야 가능한 일인데, 그것조차 움직일 힘이 없는 사람도 있을 것이다.

나는 움직일 힘은 아직 남아 있었다. 그리고 그 방향을 죽는 것이 아니라 살기 위한 움직임으로 만들기로 했다. 나는 움직이는 것 그 하나만 하자고 다짐했다. 그래서 헬스장에 나갔고 무리하지 않고 처음엔 1시간을 목표로 운동을 했다. 심지어 어떤 날은 피곤해서 헬스장 밑 찜질방에 누워 잠만 자고 온 적도 있었다. 하지만 계속 헬스장에 나가는 것은 멈추지 않았다. 그렇게 한 달을 병행하자 몸무게는 0.8킬로그램이 줄었는데 근육량은 1.3킬로그램이 늘었다. 즉 지방이 2.1킬로그램이나 빠진 것이다. 근육이 평균 미만인 나로서는 큰 쾌거였다. 그렇게 하나에 성공하고 나서 다른 습관을 만들어가기 시작했다.

'지금의 나'는 '내가 만든 나'다

다음으로 공부를 하자고 마음먹었다. 이때는 공부에 대한 긍정적인 마음 상태를 만드는 것과 동시에 충격요법을 병행했다. 그냥 독서실에 간다면 아무것도 하지 않고 올 것만 같았다. 그래서 나를 구속하기 위해 관리형 독서실에 등록했다. 그곳은 마치 학교처럼 시간에 맞춰 종이 울리고 스마트폰은 독서실에 맡기도록 했다. 그래서 공부를 하지 않더라도 그 시간에는 앉아 있자고 다짐했다. 처음에는 쉬는 시간에 화장실에 사람들이 몰리는 것도 불편하고, 공부를 시작하는 것 자체가 부담스러웠다. '또 불합격하면 어떡하지?' 하는 걱정이 아예 공부를 시작조차 하지 못하게 막아서고 있었다. 하지만 계속 그 시간에 맞춰 앉아 있었다. 그렇게 한 달이 지나갈 무렵 스스로 공부할 습관이 만들어졌다고 느꼈고, 두 달이 지나고 일반 독서실로 옮겨도 나는 여전히 공부를 하고 있었다.

다시 처음으로 돌아가 묻고 싶다. 내가 그때 '이생망'을 인정하고 아무것도 하지 않았다면 어떻게 되었을까? 한 가지 확실한 것은 '지금의 나는 없다'는 것이다. 그때처럼 누워서 드라마만 보며 하루하루를 한탄하며 보내고 있든, 아니면 뒤늦게라도 정신을 차렸든 지금의 내 모습은 아닐 것이다. '이생망'이라는 말에 기대어 현실을 외면하고, 10년 뒤에 아무런 후회도 하지 않을 자신이 있는가? 나이가 든 사람들에게 살면서 가장 후회되는 게 무엇이냐고 물으면 1순위로 '공부를 하지 않은 것'을 꼽는다고 한다.

대학생을 위한
임팩트 공부법

대학교는 고등학교와 다른 점이 무수히 많다. 시간표를 내가 짠다, 출석이 필수가 아니다(결석에 따른 책임도 내가 진다), 시험은 주로 서술형으로 본다, 방학이 길다 등 헤아리기 시작하면 끝도 없을 것이다. 그리고 이 중 가장 중요한 것은 스스로 활용할 수 있는 시간이 상당히 많아진다는 점이다. 시간이 많다는 건 자유롭다는 뜻도 되지만, 그 시간을 어떻게 보내느냐에 따라 상당히 다른 결과를 마주하게 된다는 뜻이기도 하다.

그렇다고 대학교의 낭만 없이 1학년부터 다른 애들처럼 공무원 시험이나 준비하라고 말하고 싶진 않다. 1학년 때는 한번쯤 자유를 누릴 권리가 있다고 생각한다. 12년 동안 우리는 학교에

얽매여 살아왔기 때문이다. 하지만 잘 노는 방법은 가르쳐주지 않아도 다들 잘하는 일인지라 여기서는 대학생 때 학점을 잘 관리하는 방법을 중심으로 말하려 한다. 물론 교수님마다 스타일은 천차만별이지만 처음 시간표를 짤 때부터 기말고사까지 학점 관리를 제대로 할 수 있도록 도움을 주고자 한다. 나는 F 폭격기라 불리는 교수님이 담당하는 3과목을 모두 A+학점으로 통과했고 마지막에는 사회과학대학에서 수석 졸업했다. 내가 여기서 제시하는 방법 중 자신에게 적용할 수 있는 것을 잘 활용하여 좋은 결과를 얻길 바란다.

학점의 중요성

학점은 아주 중요하다. 많은 사기업에서 좋은 학점을 요구하지 않는다고는 말하지만, 사기업의 높은 문턱을 넘기 위해서는 학점 외에 다양한 경험과 높은 인적성능력을 갖추어야 한다. 내가 생각하기에 더 좋은 건 학점을 잘 받아 좋은 학점을 우대해주는 곳에 지원하는 것이다. 학점은 성실성을 평가하는 지표가 되기도 한다. 그리고 공무원 시험을 준비하는 사람들 중에도 시험만 합격하면 된다고 생각해 학점을 포기해버리는 경우가 있다. 그런데 이는 매우 잘못된 생각이다. 만일 공무원 시험에 합격하지 못하면 어떡할 것인가? 그동안 공부한 걸 활용하려면 공기업 시험을 준비하는 게 가장 현실적인 선택일 것이다. 이처럼 공무원 시험을 준비하는 사람들의 선택지는 그다지 다양하지 않다. 그런데 공무원 시험을 준비하거나 취업을 위한 공부를 하느라 학점관리에 소홀했다면 갑자기 노력한다고 해도 학점을 올리는 데 한계가 있다. 대개 3학년 2학기나 4학년부터 갑자기 학점을 잘 받으려 노력하는데, 이미 누적된 낮은 학점이 계속 평균을 낮춘다면 과연 얼마나 올릴 수 있을까?

또한 학점은 졸업 후 취업뿐만 아니라 장학금, 대학원, 교환학생, 복수전공 등에 중요한 요소로 작용한다. 그러니 1학년 1학기부터 학점에 신경을 쓰자. 미래는 어떻게 될지 모르니 현재를 즐기는 것도 중요하지만 지금 할 수 있는 일에 최선을 다하는 것 역시 중요하다.

나는 경제학과를 복수전공하고 싶었다. 경제학과 복수전공은 그해 뽑는 인원이 열 명이 채 되지 않아 학점을 최대한 잘 받아야 승인을 받을 수 있었다. 그래서 1학년 때 내겐 학점을 잘 받는 것이 아주 중요한 목표였고, 결국 경제학과를 복수전공했다. 물론 이 목표는 학기 중에만 유효하다. 방학 때는 또 다른 목표를 가졌다.

＊＊＊

수강신청

새내기들은 시간표를 짜는 것 자체가 익숙하지 않다. 그래서 학과 선배들이 오리엔테이션(OT) 때 대신 시간표를 짜주기도 한다. 같은 조원들끼리 친해지라고 일부러 같은 교양과목까지 넣어준다. 하지만 열 명이 같이 듣기 위해 고르는 교양과목은 대체로 그다지 재미없을 가능성이 높다. 열 명이 한꺼번에 신청할 수 있을 만큼 빈 공간이 있는 강의는 인기가 없다는 뜻이기도 하다. 그래서 휩쓸려 다니며 수강신청을 하기보다는 과감히 자신이 듣고 싶은 과목을 선택하라고 말하고 싶다. 대학생은 법적으로 성인이다. 꼭 같이 수업을 듣는다고 친해지는 것도 아니고 같이 수업을 듣지 않는다고 친해지지 않는 것도 아니다. 친해질 사람은 결국 친해지게 되어있다. 아싸(아웃사이더)를 두려워하지 말고 내가 듣고 싶은 과목을 선택하는 것이 첫 번째다.

시간표를 짤 때 원칙은 다음과 같다. ① 교양은 내가 듣고 싶은 과목을 듣는다. ② 강의실 동선을 고려해야 한다. ③ 공강 시간이 너무 길어지지 않게 한다. ④ 전공과목은 학년에 맞춰서 듣는다. ⑤ 개강 후 첫 주에 수업을 들어보고 스타일에 맞지 않으면 다른 친구들 의견을 참고해서 과목을 바꾼다.

1학년 1학기는 교수님의 스타일을 고려해서 수업을 선택하기는 어렵다. 그런 것을 잘 아는 선배를 만나면 팁을 얻을 수 있겠지만, 들어오자마자 그런 것을 일일이 체크하면서 시간표를 짜긴 어렵다. 그러니 교양과목의 이름과 수업계획서 그리고 첫 수업의 느낌을 통해 원하는 수업을 신청하자. 개강 후 일주일은 수업을 계속 바꿀 수 있도록 열려 있다. 그리고 듣고 싶은 수업이 있는데 인원이 꽉 찬 경우라도 교수님께 부탁하는 열의를 보이면 열어줄 수도 있다(강의실 규모 등이 고려되기 때문에 학사과에서 거절할 수는 있다).

내가 원하는 교양을 선택하면서 동시에 강의실 동선도 고려해야 한다. 고등학교 때는 이동 수업이 있다고 해도 대개 한 건물 내에서 이루어져 이런 것을 고려할 일이 없다. 하지만 대학 캠퍼스가 넓은 학교는 이동하는 시간이 정말 오래 걸릴 수 있다. 보통 쉬는 시간이 15~20분 남짓인데 그 시간에 강의실에 안정적으로 들어갈 수 있도록 시간표를 짜야 한다. 처음엔 캠퍼스 건물 이름도 잘 모르니 지도를 보면서 10분 내에 걸어서 도착할 수 있도록 건물 위치까지 정확히 확인해야 한다.

공강 시간은 한 타임 정도만 비우는 게 좋다. 나는 오전에 2개 듣고 오후에 1개 정도 듣는 게 좋았다. 하지만 아침 시간을 자유롭게 보내고 싶다면 오후에 몰아도 상관없다. 중요한 것은 공강이 너무 길어지지 않게 하는 것이다. 기숙사 생활을 하는 학생

* * *

이라 해도 기숙사에 돌아갔다가 다시 나오려면 피곤하다. 그러니 나왔을 때 수업을 다 듣고 돌아갈 수 있도록 하는 것이 좋다.

입학하고 열의가 넘쳐 2~3학년 전공도 들으려 하는 열정적인 학생이 있다. 하지만 이것도 말리고 싶다. 전공이 1, 2, 3학년으로 나누어 편성되어 있는 것은 그 흐름에 맞게 공부해야 할 필요성이 있어서 그런 것이다. 그러니 1학년 때는 1학년 과목만 듣자. 2학년 2학기부터는 자신의 역량에 따라 3학년 과목을 들어도 무방하다고 생각한다. 하지만 1학년 때부터 호기롭게 2, 3학년 과목을 수강하면 제대로 이해도 가지 않고, 선배들을 위해 학점을 깔아주는 역할을 하게 될 수도 있다.

그리고 전공과목은 요일이 겹치지 않게 하자. 이후 시험 준비 부분에서 말하겠지만 시험을 치는 날짜는 사실 교수님 마음이다. 그러니 연속으로 거의 겹쳐서 전공 시험을 보지 않도록 요일 배분을 잘하고 어쩔 수 없이 같은 날 전공 수업을 들어야 한다면 되도록 수업시간을 떨어트려 놓자. 하나가 오전이면 뒤에는 오후 중반쯤 시간에 넣어야 겹치더라도 다시 한 번 더 공부할 수 있는 시간이 생긴다. 고등학교 때 하루 3~4과목씩 쳐서 자신 있다고 생각하는 사람이 있다면 그 마음을 버려라. 그때와 외워야 할 양과 범위가 차원이 다르고 여러분은 그때만큼 공부하지 않는다. 그러니 시험까지 고려해서 전공과목은 연달아 붙여서 들으면 안 된다.

개강 첫 주 직접 수업을 들어보고 교수님의 스타일을 본다. 시험을 볼 때 ① 중간, 기말고사만 보는 정석 스타일 ② 중간은 과제로 대체하고 기말만 보는 스타일 ③ 중간 중간 쪽지시험을 보는 스타일 ④ 발표로 점수를 매기는 스타일 ⑤ 누적으로 시험 범위를 올리는 스타일(중간고사 시험 범위도 기말고사에 포함됨) 등 다양하다. 그리고 출결에 점수 부여를 어떻게 하는지도 보통 첫 주에 파악할 수 있다. 간혹 학년이 올라가면 첫 주는 출석이 중요하지 않다고 아예 가지 않는 학생들도 있는데 이것은 바람직하지 않다. 어떤 식으로 출제할지 한 학기 수업의 방향을 결정하는 때이기 때문에 꼭 가서 들어보고 자신과 맞지 않으면 빨리 다른 과목으로 옮기자.

수업에만 집중하기

수강신청을 끝내고 나면 이제 본격적으로 수업을 들어야 한다. 나는 주로 수업을 녹취했다. 모든 과목을 녹음하면 빠른 말로 지나가는 교수님의 설명을 복습할 수 있고, 필기할 내용을 놓쳤을 때도 노트 정리에 유용하다. 녹음한 내용은 수업이 끝난 직후나 시험을 준비할 때도 다시 들으며 활용한다.

대학 수업도 아프거나 일이 있으면 빠질 수 있다. 하지만 계속 가지 못하거나, 듣다 보니 더는 듣고 싶지 않은 수업이라면 '수강취소'를 해라. 1학년 때는 학점이수를 많이 할 필요는 없다. 아직 대학 생활에 익숙하지 않기 때문에 15학점 정도만 들어도 나중에 학점을 더 이수하는 데 큰 장애가 되지 않는다. 그러니 내게 맞지 않는 과목이라는 생각이 들면 부담 없이 수강취소를 하자. 그 한 과목 지금 안 듣는다고 큰일이 생기지 않는다. 오히려 의욕 없이 수업을 듣다가 나중에 좋지 않은 학점으로 나오면 그걸 올리는 일이 더 피곤해진다. 그러니 마음에 들지 않으면 과감히 '수강취소'를 하자.

과제 제출은 당연히 해야 한다. 간혹 출석을 다 했고, 과제도 다 제출했고, 시험도 본인이 생각할 때 잘 본 거 같은데 점수가 안 나왔다고 말하는 학생들이 있다. 출석하고 과제를 다 제출하는 것은 기본 중의 기본이다. 그러니 그것만으로 학점이 보장된다고 착각하지 말자. 내가 생각할 때 시험지 답안을 잘 작성했다 해도 교수님 입장에서 생각해보아야 한다. 납득이 안 되면 교수님께 가서 직접 답안지를 확인해보면 된다. 하지만 나의 생각만으로 당연히 그 학점이 나올 거라고 자신하지 마라.

시험 전 공부법

벚꽃의 꽃말은 '1학기 중간고사'라는 말이 있다. 보통 1학기 중
간고사는 4월 중순, 기말고사는 6월 중순, 2학기 중간고사는 10
월 중순, 기말고사는 12월 중순에 끝난다. 이제 또 고등학교와
달라지는 점이 수업시간에 해당과목 시험을 선택하는데 시험 날
짜는 천차만별일 수 있다. 앞에 몰아서 볼 수도 있고, 아름답게
매일매일 하나씩 분배될 수도 있는데, 최악은 뒤에 몰려서 다른
친구들 놀 때 열심히 공부해야 할 때다. 그래서 전공과목을 같
은 날에 넣지 말라고 한 것이다. 만일 같은 날 전공과목을 연달
아 봐야 하면 정말 골치 아프다. 그러니 이를 배분해서 시간표
를 짜둔다.

강의실 앞자리에는 내 고정석을 만들어 수업에 집중할 수 있
도록 하자. 또 수업시간에 질문하기 어려우면 마치고 나서라도
교수님께 질문해서 의문을 해소할 수 있도록 하자. 그렇게 열심
히 수업을 듣는 학생은 교수님도 눈여겨본다. 그리고 교수님과
친해지면 수업 이외에도 추천서나 유학 등 여러 도움을 받을 수
있다. 혹시나 길에서 마주치면 잘 인사하고, 수업을 열심히 들
으며 교수님께 좋은 인상을 남기자.

시험공부는 최소 3주 전부터는 시작해야 한다. 수업을 마치면

시험 범위 안에 있는 부분을 정리한다. 예쁘게 노트 정리를 할 필요는 없다. 녹취한 수업을 다시 들으며 미처 필기하지 못한 내용을 보충해 정리한다. 그리고 2주 전에는 매일 처음부터 배운 곳까지 빠르게 읽고 백지노트에 내가 오늘 공부한 것 중 기억에 남는 용어를 떠올리며 적어본다.

일주일 전부터는 정리한 노트와 교재 그리고 연습문제를 풀면서 계속 되새긴다. 특히 서술형 시험인 경우 매일 백지노트에 용어를 계속 기록하고, 목차와 키워드를 외우는 데 집중한다. 그렇다고 시험지에 의미 없이 단어만 줄줄 나열하면 교수님은 '그래서 무슨 말이 하고 싶은데?'라고 생각할 게 뻔하다. 키워드를 맥락에 맞게 잘 풀어내야 교수님이 점수를 준다. 서술형의 관건은 키워드와 그 키워드의 의미를 어떻게 잇느냐다. 그러니 공부한 내용을 한 장의 노트에 쓰면서 출력해보는 방식은 대학에서도 매우 중요하다.

서술형 시험 대비

대학에 들어오면 '족보'를 중요시해서 선배와 친해지라는 팁을 주는 경우도 있다. 내 생각에 족보는 있으면 좋고 없으면 마는 것이지 그걸 구하기 위해 애쓸 필요는 없다고 본다. 같은 교수님이 출제하면 문제 유형은 비슷할 수 있지만 족보를 구하는 학생의 허를 찌르는 교수님도 많다. 실제 족보를 구해서 그 문제의 답에 맞게 달달 외우는 학생을 본 적이 있다. 경제사 관련 과목이었는데 그동안 족보에 없었던 마르크스가 나와 원래 경제학과에서 과탑하던 학생인데 그 과목의 학점을 잘 못 받았다고 한다.

이처럼 보통 대학 시험은 서술형으로 많이 나오기 때문에 관련 논점을 놓치면 아무것도 적지 못하고 나오는 경우도 생길 수 있다. 그래서 얕으면서도 많은 용어를 떠올리도록 연습해야 한다. 시험을 보면서 '그 그 그 단어 뭐였지?' 이러면 진짜 힘들어진다. 그러니 중요한 단어는 계속 떠올리며 그 단어의 의미 등을 되새겨보아야 한다.

또 교재에 있는 연습문제를 풀어보자. 기본서를 읽고 바로 문제를 풀긴 어려우니 처음에는 스스로 풀려고 시간을 많이 투자하기보다 잘 모르겠으면 답을 보면서 문제가 어떤 유형과 패턴으로 풀리는지 파악하자.

서술형 시험은 각 장에 중요한 단어(키워드)를 중심으로 내 생각을 풀어나가는 시험이다. 그러니 객관식에서처럼 바로 답을 보며 공부하긴 어렵다. 이때는 기본서를 소설책 읽듯이 읽으며 그 장의 맥락과 키워드의 의미를 파악해나가야 한다. 서술형 시험에는 기본서가 필요하다.

후회 없는 방학 보내기

기말고사를 보고나면 바로 방학이 시작된다. 일주일 정도 지나면 성적이 나오는데, 만약 기대에 못 미치는 성적이 나왔다면 정정 기간에 답안 확인 요청을 하자. 종종 기사화되기도 하지만 부모님이 교수님께 전화해서 우리 애 성적이 왜 이러냐고 묻는 것은 정말 말도 안 되는 일이다. 본인이 시험을 쳤으니 본인이 스스로 책임져야 한다. 그게 성인이다. 나이만 먹었다고 다 성인이 아니다. 성인이면 성인다운 행동을 하자.

시험은 잘 봤건 못 봤건 이미 끝난 일이다. 이제 방학을 좀더 알차게 보낼 방법을 찾아보자. 방학이 끝나갈 무렵에야 내가 무엇을 했나 하는 자책감을 느끼지 않도록 말이다. 이때도 하나의 목표만 세우자. 독서면 독서, 영어면 영어, 여행이면 여행 등 하나의 계획을 세워서 이를 집중적으로 실천해나가자. 3대 목표인 운동, 독서, 영어를 한 번에 하려다 아무것도 못하지 말고 정말 하나만 집중해서 목표를 달성하는 즐거움을 한번 맛보자. 다 잡으려다가는 한 마리도 잡지 못하게 된다는 점을 잊지 말자.

입학하자마자 당장 공무원 시험에 매달리기보다는 1년 정도
는 방학 때 여행을 다니며 놀아보기를 더 권하고 싶다. 찾아보
면 계절학기나 학기 중에 외국 대학에 교류 신청을 해서 외국
생활을 접할 기회도 있다. 그런 기회를 잘 활용해서 새롭고 다
양한 경험을 많이 해보길 바란다. 단지 회사 이력서에 한 줄을
넣기 위해 억지로 하는 게 아니라 국토대장정처럼 내 체력의 한
계를 시험해보는 것도 좋고, 해외봉사를 다녀 보는 것도 좋고,
진짜 도전해보고 싶은 게 있다면 대학 시절이 제일 좋은 기회라
고 생각한다.

여행에 관심이 있다면 1~2학년 방학 때는 돈을 모아서 유럽
으로 배낭여행을 가면 정말 좋겠다. 나는 사실 대학 때는 그런
기회를 얻지 못하다 직장을 다니던 중에 스페인에 갔는데 그때
의 충격이 잊히지 않는다. 170년이 넘은 집에 아직 사람이 거주
하는 것도 놀라웠고 그런 집이 즐비해 있는 것도 신기했다. 한
국에서 막연히 그려보던 유럽과 실제 느낀 유럽은 정말 달랐다.
백문이 불여일견이라는 말이 진정으로 와닿았다. 그리고 다양한
곳을 구석구석 다니고 싶었는데 시간적 여유가 적었다. 공무원
도 연차를 낼 때는 눈치가 보인다. 일반 직장에서도 길면 열흘
혹은 2주 정도만 연달아 쓸 수 있다고 들었다. 그것도 운이 좋

은 경우다. 그러니 적어도 두 달 이상 내가 자유롭게 시간을 정할 수 있는 이 시기에 먼 나라로 여행을 가서 시야를 넓히고 오길 바란다.

휴학을 결정할 때

단순히 쉬고 싶어서 휴학하는 것은 말리고 싶다. 휴학은 6개월 혹은 1년 정도 집중해서 준비해야 할 어떤 목표가 있을 때 해야 한다. 쉬는 것은 학기를 마친 뒤 방학 때도 가능하고 학기 중에도 사실 쉬려면 쉴 수 있다. 그러니 휴학을 결정할 때는 내가 해야 할 하나의 목표가 있어야 한다. 그리고 온전히 그 목표에만 매진해야 한다.

특히 휴학을 하면 시간이 많다는 생각에 오히려 느슨해지기 쉽다. 그래서 휴학을 결정하면 그 목표를 이루기에 적합한 환경으로 찾아가야 한다. 예를 들어 공무원 시험을 준비한다면 신림이나 노량진 등 수험가가 밀집해 있는 곳에 직접 가서 지내며 목표를 이루는 데 매진해야 한다. 그렇지 않으면 시간만 버리고 아무것도 이루지 못한 채 복학하게 된다.

시간이 많다고 해낼 수 있는 것도 아니고 시간이 적다고 해내지 못할 것도 없다. 그러니 휴학을 하며 시간이 많다는 생각에 느슨해지지 말고 하나의 목표를 향해 나아가자.

지금 청년들은 대학 생활의 로망이 이미 사라진 세대라는 기사를 심심찮게 볼 수 있다. 슬프지만 그 현실은 직시하길 바란다. 그렇다고 아무런 휴식 없이 4년을 보내면 원하는 직장에 들어가고 나서도 후회하게 될 것이다. 부디 무엇을 하건 좋아하는 마음, 적어도 싫어하지 않는 마음으로 시작해야 한다는 대전제를 꼭 잊지 않았으면 좋겠다. 대학생은 불확실한 미래를 불안해한다. 하지만 불확실하기에 아직 무엇이든 할 수 있는 시기다. 대학생 시기는 충분히 뭐든지 할 수 있는 시기다. 지금 아무것도 바꾸지 못하면 영영 그렇게 살아야 한다. 그렇게 한평생 하고 싶은 일이 아니라면 과감히 버리고 해보고 싶은 것을 해보자. 물질적으로 여유롭진 않겠지만 시간적으로 여유로운 마지막 시기다. 원래 시간과 돈은 반비례한다. 시간이 넉넉한 마지막 기회를 놓치지 말자.

제6장

공무원 시험

단기간에 끝내자

공부는
공부일 뿐이다

공부는 공부일 뿐이다. 무슨 당연한 소릴 하는 건지. 공부가 공부지 그럼 뭐야. 그런데 사람들에게 공부에 대해 어떻게 생각하느냐고 물으면 다들 부정적인 감정부터 떠올린다. 그런데 억지로 하는 공부는 내 인생에 고통스러운 기억만 남기고 실제로 투입한 시간 대비 효과도 높지 않다. 빨리 피하고 싶다면 적은 시간을 투입해서 최대의 효과를 낼 수 있는 방법을 선택해야 하는 것 아닌가? 하지만 공부에 대한 부정적인 마음 상태는 그와 반대되는 결과를 가져온다. 시간은 시간대로 투입하지만 그 효과는 크지 않다. 공부에 대한 긍정적인 마음 상태와 비교하면 그 효과는 더욱 극명하게 다르다는 사실을 알게 될 것이다.

＊＊＊

공부는 공부일 뿐이다. 공부에 대한 기존의 선입견을 깨고 그저 수단으로써 바라볼 필요가 있다는 의미다. 공부 그 자체를 즐기지 못하기에 힘든 것이다. 그러니 공부 그 자체를 객관적으로 바라보아야 한다. 공부는 무언가를 이루기 위한 수단 중 하나다. 시험 그 자체가 내 인생의 목적이 될 수 없다. 합격만 하면 죽어도 소원이 없다는 생각이 드는 수험시절일지라도 합격하고 나면 다른 목표가 생길 것이다.

도구는 도구로 바라보면 될 뿐, 그 도구에 부정적인 감정을 실을 필요가 없다. 지금 옆에 보이는 볼펜에 대해 어떤 마음을 갖고 있는가? 이 펜이 없으면 어쩔 뻔했냐는 고마운 마음이 들진 않겠지만 반대로 보기만 해도 싫다는 마음은 들지 않을 것이다. 펜은 펜일 뿐이다. 이와 마찬가지로 공부는 공부일 뿐이다.

지금 당장 공부를 좋아하긴 어려울 수 있다. 하지만 부정적인 감정을 갖는 것이 공부를 시작하는 데 있어 최악의 상태임을 자각하고 그 부정적인 마음을 부숴야 한다고 생각하는 것이 첫걸음이다.

공부에 대한 긍정적인 마음 상태를 갖기 이전에 나에 대해서도 긍정적인 마음을 가져야 한다. 대개 공부를 부정적으로 생각하는 사람들은 공부를 시작하면 '나는 공부를 못하는 사람'이라고 생각하면서 자신을 깎아내린다. 이것도 매우 좋지 못한 일이다. 긍정적인 마음과 자신감을 갖고 있다면 공부에 대해서도 긍정적으로 생각할 수 있다. 나를 믿기 때문에 내가 하는 일에 자신이 있고, 그 마음은 '할 수 있다'는 마음으로 연결되면서 삶을 긍정적으로 바라볼 수 있기 때문이다.

우리나라는 겸손을 강조한다. 겸손을 미덕으로 여기고, 자신을 낮추는 것이 진정한 덕이라 여기기도 한다. 하지만 겸손과 자신을 부정적으로 바라보는 것은 다르다. 인생의 절벽에 다다른 사람은 자신에 대해 부정적인 말들을 내뱉는 경향이 있다. 그런 부정적인 시각은 결국 나를 갉아먹는다. 인생의 절벽에 서 있을수록 긍정적으로 자신을 바라보아야 한다. 남들의 시선에 갇히지 말아야 한다. 다른 사람의 신뢰를 얻으려면 먼저 내가 스스로 나를 신뢰해야 한다. 그리고 움직여야 한다. 아무것도 시작하지 않으면 변하는 것은 아무것도 없다는 사실을 여러분도 이제 잘 알 것이다. 나를 일으켜줄 누군가를 기다리지 말고 내가 나를 일으켜주자. 자신감을 잃어버리고 절망에 빠져 있다면, 나에게 물어보라. "할 수 있어?" 그리고 답하라. "할 수 있어!"

나를 망칠 수 있는 건
나 자신뿐이다

일이 잘 풀리지 않거나 힘든 순간이면 '왜 태어나서 이런 고생을 해야 하지?' 하는 생각을 한 적이 있다. 그리고 이 질문이 꼬리에 꼬리를 물고 계속되면 부모님 탓을 하게 되기도 한다. 하지만 바꿔 생각해보자. 정말 이 모든 결과가 다 남 탓일까?

2009년 인기리에 방영한 드라마 〈선덕여왕〉에 '비담'이라는 캐릭터가 나온다. 『삼국사기』에 "상대등 비담이 월성에서 난을 일으켰다"고 단 한 줄로 기록되어 있는데, '상대등'이라는 지위는 지금의 국무총리 격이다. 최고 권력의 정점에 있는 비담이 난을 일으켰으나 김유신 장군이 진압한다. 드라마는 픽션이니 정말 선덕여왕을 연모해서 난을 일으켰는지는 알 수 없다. 다만

＊＊＊

드라마에서 비담은 신하들에 의해 폐위된 진지왕의 아들로 그 어머니인 미실궁주에게도 버림받아 다소 독특한 성격을 가진 캐릭터였다.

드라마에서 비담의 난이 일어난 뒤 기억에 남는 장면이 있다. 드라마 마지막 회에 비담은 부하들에게 속아서 난을 일으켰다고 주장했고, 위기에 처하자 부하들에게 그 책임을 물었다. 그때 비담의 외숙부이자 미실궁주의 동생인 미생이 비담에게 이렇게 말한다. "비담, 자기를 망칠 수 있는 건 오직 자기 자신뿐이야. 누구도, 그 누구도 널 망칠 수 없어. 넌 네가 망친 거다. 이 불쌍한 것아."

사람들은 여러 이유로 남 탓을 한다. 실제로 남 탓일 수 있다. 하지만 지금 내가 이렇게 된 것은 내가 선택한 결과로 이루어진 것이다. 그리고 이걸 바꿀 수 있는 유일한 사람도 나 자신이다. 다른 사람이 구해줄 거라 기대하지 마라. 다른 사람은 자기 자신을 구하기에도 바쁘다. 또 다른 이를 탓한다고 바뀔 것은 아무것도 없다. 그렇게 비난만 하다 시간을 버릴 것인가?

내 인생은 내가 책임져야 한다. 물론 자신이 의도하지 않았는데 예상치 못한 나쁜 일이 일어날 수 있다. 천재지변, 전쟁 등 인간이 예측할 수 없는 일들은 수없이 많이 일어난다. 그 모든 것이 본인의 탓은 아닐 수 있다. 그렇지만 내가 벌인 일이 아니라고 그저 속수무책으로 가만히 있다면 그 상황에서 벗어날 가능성은 더욱 멀어질 뿐이다.

다른 이를 탓하던 비담은 결국 파멸을 맞았다. 난은 실패했고 죽임을 당했다. 다른 이를 탓하다 끝이 나버렸다. 역사에 가정은 무의미하지만 이런 가정을 해보자. 비담이 다른 사람을 탓하지 않고 자신에게 의미 있는 결과를 만들기 위해 노력했다면 어땠을까? 그 결과는 나도 알 수 없다. 다만 적어도 드라마처럼 부하를 죽이고 스스로도 자살과 다름없는 파국을 맞는 모습을 보이진 않았을 것이다.

내 인생은 내가 책임져야 한다. 그리고 나에게 그 결과를 보여주어야 한다. 여기서 나에게 '의미 있는 결과'는 사람마다 다를 것이다. 돈, 지위, 명예 같은 가시적인 성과만이 전부가 아니다. 어쩌면 더 어려운 일일 수도 있지만, 내가 원하던 것을 이루었을 때의 성취감 등 무형적인 것도 좋다. 무엇이 되었건 난 나에게 의미 있는 결과를 보여주고 행복해져야 할 책임과 의무가 있다.

위기를 기회로 바꾸는 건
나에게 달렸다

인생이라는 배를 타고 항해하다 보면 큰 파도나 풍랑을 만나기 마련이다. 아무리 피하려고 애써도 피할 수 없는 어려움은 인생에서 얼마든지 마주할 수 있다. 이럴 때 임팩트 공부법을 활용하면 이것을 빨리 이겨낼 힘을 얻을 수 있다.

대체 무엇이 그렇게 해주냐고 되물을 것 같다. 이 책도 그저 공부를 도와주는 자기계발서가 아니냐고 되물을지도 모르겠다. 바로 그거다. 공부를 좋아하고 잘할 수 있도록 도와주기 때문에 인생의 어려움을 만났을 때 극복하고 이겨낼 힘을 준다는 것이다. 고등학교 혹은 대학교 과정을 끝내면 정말 공부가 끝난다고 생각하는가? 인생에 더는 아무런 공부가 필요하지 않은가? 절대 아니다. 정규교과 과정이 끝이 났을 뿐, 그 이후에도 심지어 무엇을 공부해야 할지조차 모르는 상태로 공부를 계속 해나가야 한다. 그리고 그 공부가 오히려 인생에 즐거움이 될 수 있다.

정규교과 과정은 말 그대로 국민의 의무로 교육을 받아야 하는 나의 의지와 상관없는 배움이었다면, 그 이후 해나갈 공부는 내가 원하는 것을 선택할 수 있다. 물론 회사에서 어떠한 자격증을 요구해서 어쩔 수 없이 하는 그저 필요에 따른 공부도 있을 수 있다. 하지만 이런 공부도 자신의 마음만 바꾼다면 얼마든지 내가 원하는 공부가 될 수 있다. 회사에서 요구해서 딴 자격증이라 해도 회사에 헌납하는 것이 아니라 온전히 내 자격증이다. 그러기에 처음에는 내가 스스로 시작하는 공부가 아닌 것 같더라도 마음을 바꿔서 긍정적으로 생각한다면 오히려 편해질 것이다.

이는 정규교과 과정에 있는 학생들 역시 마찬가지이다. 물론 이들은 공부가 자신들의 직업이나 다름없기 때문에 즐기기가 매우 어렵다는 것을 잘 안다. 나에게 학창 시절 공부를 즐겼냐고 묻는다면, 대학교 때는 그래도 원하는 과목을 공부할 수 있어 즐거웠지만 중·고등학교 시절은 남들이 다 하니까 했던 것 같다. 하지만 그때 어차피 해야 할 공부였으니 즐겁게 했다면 내게 더 좋지 않았을까 싶다.

특히 수험을 준비하는 공시생들은 언제 끝날지 모르는 암흑 같은 터널에 서 있는 기분을 종종 느끼게 된다. 그 터널을 가장 빨리 끝내게 해줄 것은 오직 빠른 합격밖에 없음을 기억하자.

긍정의 힘을 믿어라. 인생은 모든 것은 마음먹기에 달려 있다는 '일체유심조(一切唯心造)'와 사회를 변화시켜야 한다는 '개혁정신' 그 사이 어딘가에 있는 것 같다. 나는 모든 것이 마음먹기에 달려 있다는 말에 전적으로 동의하지는 않는다. 왜냐하면 마음만 바꾸면 된다는 말은 현실에 그대로 순응하라는 이야기처럼 들리기 때문이다. 그렇게 순응만 해야 한다면 사람들이 자신을 변화시키기 위해 노력하는 것조차 의미가 없어지는 듯한 순간이 올 수 있다. 물론 필요한 부분에 일체유심조를 받아들여서 나의 마음을 진정시키고 스트레스를 덜 받으며 긍정적으로 바꾸어갈 필요도 있다. 결국 사람들은 양극단이 아니라 저 중간 어딘가에 위치할 것이다. 그럴 때 공부를 받아들여야 하는 상황이라면 일체유심조 쪽에 가깝게 마음을 두자.

그리고 공부를 시작할 때 '1분 투자'를 통해서 내 마음을 바꾸고 시작하자. 이왕 시작했으니 적어도 한 달은 꾸준히 해보길 바란다. 다들 공부가 자신의 체질에 안 맞는다고 하는데 믿기지 않겠지만 school의 본래 뜻은 '여가'다. 그리스 시대에 부유층의 자제들만이 즐길 수 있는 고급 스포츠였다. 물론 그때의 자유로운 분위기는 현재 우리나라 공교육에는 없지만, 우리나라 역시 원래 학문을 익히는 것은 귀족·양반 계급에 허락된 것이었다. 조선 초기에는 평민도 공부할 순 있었지만 부유하지 않으면 사실 공부를 하는 것이 쉽지 않았다. 이랬던 공부가 너무나 대중화되면서 아니 필수적으로 해야만 하는 의무로 자리 잡으면서 사람들이 거부감을 느끼는 것이 아닌가 싶다. 그러기에 마음을 바꾸어 이를 즐겁게 받아들인다면 인생에 풍랑이 와도 이겨낼 힘을 갖추게 될 것이다.

작은 점을 이어나가
선을 완성하자

시험 준비를 시작하는 여러분은 향상심을 높이기 위해 이미 성공한 사람을 바라보고 그 사람을 떠올리며 저 사람처럼 되기 위해 노력하자고 다짐할 수도 있다. 대부분 **빠른** 합격을 이룬 사람을 롤모델로 삼고 있을 것이다. 그것도 좋다. 하지만 대부분 그러한 동기부여만으로는 공부를 오래 지속하기 어렵다. 지치는 순간이 오면, 마치 포도밭 담장 밖 여우가 결국 포도를 먹는 데 실패하자 '저 포도는 신포도일 거야'라고 합리화하는 '신포도 효과'처럼 포기하기 쉽다.

어느 누가 먼 미래를 예측할 수 있을까? 1분 뒤에 내게 어떤 일이 닥칠지조차 예측하기 어렵다. 따라서 새로운 일을 시작할 때, 어떤 결과와 성과가 있을지 정확히 예측하면서 움직이려 하지 마라. 스티브 잡스도 연설에서 "작은 점들이 모여 지금의 선이 되었다"고 말하지 않았던가. 대학교를 자퇴한 한 청년이 배운 캘리그래피가 애플 디자인의 초석이 될 거라고 누가 상상할 수 있었을까? 잡스가 말했듯이 자신조차도 전혀 예측하지 못한 일이었다.

모두에게 마찬가지다. 먼 미래를 꿈꾸고 그 미래를 향해 나아가기 위해 한걸음 한걸음 지금 걸음을 옮기는 것은 당연히 잘하고 있는 일이다. 하지만 그 한걸음을 어디로 두어야 할지 몰라고민하고 또 고민하다가 결국 움직이지 않는 사람이 돼서는 안된다. 동서남북 어디로 옮겨야 내게 가장 유리할지 이리저리 재어보다가 결국 아무 결정을 내리지 못하고 제자리에 머무르지말아야 한다. 공무원 시험을 준비하고자 마음을 먹었다면 지금바로 시험 과목과 시험 일정부터 확인하자.

내가 옮기려는 걸음이 너무 작아 보여도 일단 걷고 있다는 그사실이 중요하다. 아무리 사소해 보이는 일이라 해도, 그 일을하지 않는 사람과 한 번이라도 시도해본 사람은 완전히 다른 결과를 만나게 된다. 사소한 일이라고 짐짓 무시해버리는 오류를범하지 말자. 한걸음이 모여 목적지에 다다르게 해준다.

『아주 작은 반복의 힘』에서 이에 관해 잘 설명하고 있다. 한

＊＊＊

여자가 신체적, 경제적으로 어려움을 겪고 있었고, 이를 극복할 모든 의욕을 잃어 소파에 멍하니 누워 과자를 먹으며 TV나 보며 지내고 있었다. 이에 한 의사가 단 1분이라도 운동을 하라고 권했다. 이 글을 읽는 여러분도 겨우 1분 운동해서 얼마나 살이 빠지겠나 싶을 것이다. 하지만 이것은 '방아쇠'였다. 1분씩 운동을 시작하자 점점 운동시간이 늘어갔고, 그는 결국 살을 빼고 건강을 되찾을 수 있었다고 한다. 시작은 미미해도 그 끝은 얼마든지 창대할 수 있다.

인생의 최종목표는 정말 누가 들어도 말도 안 된다는 말을 들을 정도로 큰 꿈을 꾸는 것에 찬성한다. 하지만 지금 당장 내가 해야 할 일은 거창하지 않아도 된다. 아주 적은 시간을 들여도 상관없다. "나 1분만 운동하기로 결심 했어"라고 말한다면 다들 그게 무슨 운동이냐고 말할 것이다. 그런 비아냥거림이 염려되면 타인에게 말하지 않으면 된다. 하지만 나는 그걸 계획으로 잡고 나의 'To Do List'에 넣고 계속 실행하여 습관화하면 되는 것이다. 그리고 해냈을 때의 성취감들이 모여 어떤 효과를 낼지 꼭 체험해보길 바란다.

상상하지 못했던 일을 어느새 이루고 있을 것이다. 나도 공부를 할 때 정말 죽도록 안 되는 날이 있었다. 그런 날은 30분 정도 혹은 1시간 정도 공부 이외의 것을 하기도 했다. 내가 만약

'오늘 목표한 걸 다 끝내야 해!'라는 사생결단의 정신으로 앉아 나 자신을 고문했다면 부담감만 키워 더 하고 싶지 않아졌을 것이다. 아이를 달래듯이 나에게 스스로 최면을 건다. '우리 딱 여기까지만 하고 다시 쉬자' 혹은 '우리 10분만 해보자'는 마음으로 다시 시작하면 탄력이 붙어 나중에는 오히려 하고자 했던 것보다 더 많은 것을 해낼 수 있게 된다. 큰 꿈을 이루는 것도 작은 한걸음부터 시작된다.

완벽한 계획은
수정이 가능한 계획이다

공부를 시작하기 전에 '완벽한 계획'이 필요하다고 생각하기 쉽다. 완벽한 계획이란 무엇일까? 지킬 수 있는 계획, 또는 시험 날짜를 기준으로 역산하여 공부할 과목과 회독 수를 결정하여 짠 계획 등 기준은 다양하다. 수험생이라면 합격하기 위한 계획일 것이고, 자기계발을 하는 직장인에게는 그 목표를 달성하는 계획일 것이다.

다들 계획을 짤 때는 신중하게 이것저것 고려하며 세운다. 하지만 계획은 계획일 뿐 여러 사정에 따라 변수가 생긴다. 특히 직장인은 야근, 회식 등 본인이 통제할 수 없는 일이 분명 일어난다. 따라서 계획을 세울 땐 먼저 초안을 잡되 수정 가능성을 열어두어야 한다. 시험일 기준으로 2주 전에 각 과목을 1회독할 수 있는 여유를 주고, 나머지는 계획에 따르되 실제 공부를 진행하면서 탄력적으로 운영하자.

모든 과목을 완벽하게 할 필요는 없다. 우스갯소리로 수포자(수학을 포기한 자)들도 집합은 안다는 말을 들어봤을 것이다. 또 비슷하게 한국사는 선사시대만 박사라는 말도 있다. 다들 처음에는 의욕적으로 열심히 시작하지만 공부하는 시간이 늘어지면서 원래의 목표는 희미해지고 이내 포기하게 된다. 그래서 시험을 준비할 때는 빠르게 합격할 목표를 갖고 '임팩트' 있게 공부해야 한다. 느슨하게 2~3년 공부할 생각으로 계획을 짜면 집중력도 떨어지고 실제 계획한 기간 안에 합격하기도 힘들다. 수험 기간이 길어질수록 시간, 돈, 에너지 다 낭비다.

앞부분만 잘 안다는 건 공부하는 내용을 너무 완벽히 이해하려고 한다는 사실을 말해준다. 그러나 이런 생각이야말로 정말 완벽하게 망하는 지름길이다. 시험에 합격하기 위해서 모든 내용을 정확히 이해해야 하는 것도 아니고, 모든 과목에 100점을 받아야 할 필요도 없다. 일반적인 합격선(최근 3년 평균 합격점수)에서 5점 정도 위로 안정적으로 유지하겠다고 목표를 세우면 된다. 그리고 과목별로 잘하는 과목은 높게 잡고, 자신 없는 과목은 합격선 즈음이나 그보다 5점 정도 낮게 잡으면 된다. 예를 들어 일반적인 합격선이 80점이라고 하면, 내가 잘하는 과목은 90점 이상, 못해도 85점은 확실히 받고, 자신 없는 과목은 80점, 못해도 75점을 받겠다고 목표점수를 설정하는 것이다. 그러면 합격선을 확실히 넘는 목표점수를 설정할 수 있다.

완벽한 계획을 세우고 행동으로 옮기려 하지 말자. 계획은 상황에 따라 조정해나가면 된다. 무언가 시작하려 할 때 '과연 내가 지킬 수 있을까?'라는 생각 때문에 생각에서 그치고 행동으로 옮기지 못하는 경우가 많다. 그리고 각자가 생각하는 완벽한 조건이 갖춰지면 그때부터 시작하자고 합리화한다. 하지만 그런 완벽한 조건은 아무리 기다려도 오지 않는다. 그래서 나는 먼저 부딪혀보길 권한다.

운동을 시작한다면 헬스장에 등록하는 바로 그날 시작한다. 무언가를 배울 때 독학이 어렵다면 학원에 등록하자. 환경은 스스로 만들어나가면 된다. 한 달 정도 해보다가 정말 현실적으로 할 수 없다면 그 한 달은 좋은 경험을 한 셈 치고 그만하면 된다.

무언가를 완벽하게 하고 싶어 하는 것은 열심히 살고자 하는 사람들에게 유토피아다. 이상적인 푯대지만 도달하는 것이 매우 어렵다. 굳이 그런 길을 선택하지 않아도 우리가 목표로 삼은 곳에 도달할 수 있다. 그러니 완벽하게 해야 한다는 그 생각에서 벗어나 새로운 자유를 얻길 바란다. 완벽해진다는 그 욕심

* * *

이 오히려 내가 얻고자 하는 것을 막는 방해물이 될 수 있다. 완벽해지려다 완벽하게 망하지 말고, 완벽해지려 하지 말고 완벽하게 목표를 이루자.

공시생을 위한 임팩트 공부법

목표는 하나만 세우자

최종목표는 오직 하나 '시험 합격'이다. 준비할 시험이 무엇이건 1년 내 합격을 목표로 세운다. 하나의 최종목표가 정해졌으면, 다시 작은 목표로 나눈다. 가장 대표적인 공무원 시험이라면 국가직 7·9급, 지방직 7·9급, 서울시 7·9급, 국회직, 법원직, 교육직 등이 있다. 내가 준비하는 시기 중간 중간에 치를 시험을 선택하고 접수해서 직접 현장에서 그 시험을 친다. 단순히 기출문제를 프린트하여 시간을 재서 푸는 것은 실전에서와 같은 긴장감을 느끼기 어렵다. 마킹 실수도 점검해보기 위

* * *

해 꼭 실제 시험을 접수해서 내 공부 방향을 점검하는 지표로 사용해야 한다.

공부는 최소 10시간!

시험공부를 시작할 때 먼저 자신의 공부 습관을 체크해보자. 학원과 인강(인터넷 강의) 외에 하루 동안 스스로 공부 시간이 10시간을 넘기지 못한다면 관리형 독서실 등 자신을 강제할 수 있는 수단을 이용하는 게 좋다. 관리형 독서실에 등록한다면 당연히 출석은 100퍼센트 해야 한다. 또 스마트폰을 반납하고 온전히 공부에만 집중하도록 환경을 설정해야 한다.

전업 수험생이라면 월~토요일 일일 평균 10시간 총 60시간 이상 혼자 공부하는 시간을 확보해야 한다. 3.5일 공부하고 0.5일을 쉬는 패턴으로 공부하겠다면 매일 10시간을 넘기진 못하겠지만 월~토요일 공부 총 시간은 60시간을 넘어야 한다. 질이 양보다 중요하다고 하지만 최소한의 양은 뒷받침되어야 하기 때문이다.

하루 10시간 공부하기 위해서는 생활을 단순화해야 한다. 오전 3시간 30분, 오후 4시간, 저녁 3시간을 최소 공부 시간으로 확보하자. 단지 물리적으로 10시간을 채우는 것이 아니라 정말 순수하게 공부한 시간이 10시간 이상 되도록 스톱워치를 활용하여 시간을 체크해야 한다. 쉬고 싶거나 화장실에 가고 싶을 때는 스톱워치를 정지해서 내가 정확히 얼마만큼 공부하는지 살펴보자. 스톱워치 작동을 잊어버렸을 땐, 최대한 기억을 살려 실제 공부한 시간에 가깝게 기록하도록 한다.

예를 들어 기록시간은 10시간 37분인데 내가 스톱워치 누르는 것을 잊은 시간이 10분쯤 된다면 그냥 잊어버린다. 최소 1시간이 넘었다면 11시간 37분을 적는다. 혹시 스톱워치를 끄는 것을 잊는다면 내가 기억하는 가장 마지막 시간을 적어두고 리셋해서 다시 측정한다. 그리고 마지막에 내가 적은 값을 더해준다. 이렇게까지 하는 이유는 객관적으로 자신을 바라보는 척도로 삼을 수 있기 때문이다.

공부를 위한 생활습관

먼저 운동을 할지 말지 처음 공부를 시작할 때 고민이 될 수도 있다. 나는 공부하면서 했던 운동이 체력관리에 도움이 되었다. 시험 준비를 본격적으로 시작하기 전 살이 많이 쪄서 살을 뺄

겸 시작했다. 평소 생각이 많은 성격이라 이렇게 되면 어쩌지? 저렇게 되면 어쩌지? 등 많은 가설을 혼자 세우고 그 생각에 힘들었는데, 운동을 시작하니 불안감도 줄고 체력도 좋아졌다.

수험 기간 동안 운동을 하는 것에 대해서는 수험가에서도 찬반의 논란이 있다. 나는 효과를 보았기 때문에 권하지만, 사람마다 상황도 다르고 체질도 다를 테니 적절히 판단하기 바란다. 단지 꼭 해야 하거나 꼭 하지 말아야 할 일은 아니라는 점을 짚고 싶었다.

과목별 공부법

1. 국어

나는 『재정국어 기출백서』 1편(어휘·어법)과 4편(한자·한문·지식국어)만 공부했다. 국어의 경우 기본서가 필요한가 의문이 들어 기본서를 거의 보지 않았다. 국어는 기출문제를 바로 풀 수 있는 과목이다. 따라서 문제를 풀고 답지를 확인하며 왜 답이 되는지 설명을 읽으며 3회독을 했고, 그 이후 선택지를 지워나갔다. 확실히 아는 선택지는 컴퓨터용 사인펜과 자로 줄을 그어 삭제시키고 최종까지 모르는 선택지만 남겼다.

그리고 최종 시험(지방직 7급)을 앞두고 2주 전에는 마지막까지 헷갈리는 어휘를 빈 노트에 적어두고 시험 전날 반복해 보았다. 보통 익숙하지 않거나 사람들이 많이 쓰는데 문법적으로 틀린 어휘를 적었다. 이때 옳은 단어와 옳지 않은 단어를 모두 순서를 맞춰서 O는 왼쪽에 X는 오른쪽에 적었다. 이렇게 맞춰서 적으면 시험을 풀 때 확실하게 답이 떠오르지 않더라도 '이쯤에서 보았다'는 위치를 떠올릴 수 있다. 그래서 위치를 반드시 맞춰 적어야 한다. 노트 정리를 할 땐 아까워하지 말고 한 줄에 하나의 단어만 크게 적자.

예) 희한 (O) / 희안 (X)

꼼꼼히 (O) / 꼼꼼이 (X)

문학과 비문학은 수능 국어를 제대로 공부했다면 따로 시간을 내어 공부할 필요는 없다. 기출문제를 풀어보고, 많이 틀린다면 관련된 기출문제를 많이 풀어보면서 왜 답이 되는지를 판단해보자. 만약 비문학과 문학에서 5개 이상 틀린다면, 차라리 수능 국어로 공부하는 게 더 나을 수도 있다. 개인적으로 권하는 책은 『언어의 기술』이다. 빠르게 어떤 부분을 파악해야 하는지 수능문제를 통해 배우고 기출문제로 익히면 비문학과 문학은

쉽게 해결할 수 있을 것이다.

개인차가 있겠지만 국어시험에서 가장 힘든 부분은 어법, 어휘, 한자다. 정말 제대로 외우지 않으면 내 모국어가 맞는지 의심스러울 정도로 헷갈리는 문제가 많다. 따라서 기출문제에서 선택지 하나하나를 정오판별 할 수 있을 정도로 만들어야 한다. 시험이 한 달쯤 남았을 때는 『공기밥(공무원 기출문제는 밥이다)』이라는 국가직 7·9급, 지방직 7·9급을 연도별로 배치한 기출문제를 하루에 1~2회 풀면서 확실히 어휘·어법을 외우고 있는지 점검하면서 실전에 출제된 문학과 비문학을 다시 풀었다.

국어는 이렇게 기출문제만 풀었다. 대신 기출문제를 정말 확실히 다 외우도록 노력했다. 국어 기출문제를 보다 보면 정말 확실하게 문제가 반복된다는 것을 느낄 수 있다. 기출문제를 확실히 외우는 데 집중하자(답을 외우라는 의미가 아니라 모든 선택지를 정오판별 할 수 있어야 한다). 실제 시험에서 새로운 내용이 나올 수 있다. 하지만 4개의 선택지 중 3개는 기출문제로 확실히 출제된 부분이기 때문에 이를 정확하게 정오판별 할 수 있다면, 답을 선택하는 것에 어려움이 없다. 기출문제를 확실하게 정복하자.

2. 영어

나뿐만 아니라 많은 사람에게 가장 큰 진입장벽이고 또 단순 암기만으로 쉽게 점수가 오르지 않을 과목이다. 공무원 영어는 어휘·어법·독해로 나뉜다. 나는 독해보다는 문법과 단어에서 점수가 많이 빠졌다. 그래서 단어와 문법에 중점을 두고 공부했다. 먼저 내가 최종목표로 하는 시험의 작년 기출문제를 풀어 점수를 확인하고 또 어디가 부족한지 확인한 다음 약점을 없애는 쪽으로 공부 방향을 설정해야 한다. 매일 한 과목만 공부하는 것이 원칙이지만, 영어 점수가 안정적으로 70점 이상 나오지 않는다면 매일 1~2시간은 영어 공부 시간으로 빼두어야 한다.

① 어휘

공무원 수험생과 편입시험 준비생이 가장 많이 본다는 허민의 『보카바이블』을 매일 2일치씩 공부했다. 이때 모든 것을 세세히 외우려 하지 않고, 주제어와 여러 관련 단어를 눈에 바른다는 느낌으로 읽었다. 그리고 기출문제 책이 별책으로 얇게 구성되어 있어, 처음에 그 문제들을 먼저 풀고(이때 그 전날 본 문제도 다시 풀었다), 다음에 본책에 있는 단어를 읽었다. 예를 들어 3~4일치를 공부하는 날에는 다음과 같이 공부한다.

어제 공부한 1~2일과 오늘 볼 3~4일 기출문제를 문제당 30초로 잡고 시간을 재서 한 번에 풀어본다.

→ 문제를 채점하면서 틀린 문제 앞에는 선을 긋는다(회독 수를 반복하기 때문에 正으로 표시되도록 했다).

→ 1~2일은 틀린 것 위주로 다시 한 번 뜻을 되새겨본다.

→ 3~4일은 틀린 문제를 검토하기 전에 본책에 있는 단어를 먼저 읽는다.

→ 3~4일 문제를 검토한다.

→ 1~4일치 단어를 다시 한 번 눈에 바르듯 읽는다.

영어 공부의 기본은 어휘다. 독해가 안 되는 것도 단어 뜻을 몰라서인 경우가 많다. 단어를 효과적으로 오랫동안 기억할 수 있는 방법은 독해를 통해 단어를 공부하는 것이다. 하지만 매일 독해를 하며 모르는 단어가 튀어나오기를 기다릴 수는 없다. 따라서 단어장이 필요하다.

이때 처음부터 모든 단어를 1회독 만에 다 외우겠다고 생각하며 덤비면 안 된다. 그렇게는 아마 3일을 공부하는 것도 어려울 것이다. 시간을 정해두고 그 시간에 빠르게 공부하며 내 눈과 뇌에 익숙하게 만들어야 한다. 그리고 단어 외우기를 싫어하는 마음을 없애기 위해서는 한 번에 다 외우겠다는 마음의 부담을

* * *

버려야 한다. 다시 말해 1시간 30분 내로 공부를 마치자고 생각한 다음, 눈에 바른다는 느낌으로 단어 공부를 한다. 『보카바이블』은 1,000단어라고 하지만 파생어를 많이 소개해놓아 처음에 보면 가슴이 답답할 수 있다. 그런 파생어도 그냥 한번 읽어본다고만 생각하고 넘어가라. 처음부터 모든 것을 한 번에 다 외우려 하지 말고, 왼쪽에 있는 표제어와 간단한 숙어 정도만 읽고, 오른쪽 예문 옆에 파생어는 3회독이 넘어가기 전까지는 아예 보지 않아도 된다. 절대로 다 외울 수 없고, 그걸 다 외우려고 해서도 안 된다.

영어를 정말 잘해서 안정적으로 90점을 넘는다면 이 책을 볼 필요가 없고, 못한다면 7급은 75점 정도, 9급은 85점 정도를 안정적으로 받는다는 목표로 공부하자. 모든 과목이 마찬가지지만 특히 영어에서 100점을 맞기 위한 공부는 절대로 해서는 안 된다. 모든 것을 완전히 외우려고 하다가 정작 중요한 합격을 놓칠 수 있다.

② 문법

문법 문제는 포기하기엔 아깝고 다 맞추기엔 양이 많아 보인다. 하지만 독해가 완벽하지 않은 이상 문법처럼 틀이 고정된 문제를 놓쳐서는 안 된다. 나는 신성일의 『PASS 통합영어』문법책과 『PASS 실전영문법 555』를 함께 봤다. 먼저 영어 문법책의 이론은 보지 않고 단원별 문제만 풀고 나서, 『PASS 실전영문법 555』의 이론과 문제를 읽었다. 처음에는 목차별로 나오는 문제를 2회독 한 다음에 영어 공부를 할 때는 『Do 영어 무작위 영문법 1000제』를 하루에 50문제 정도씩 풀었다. 무작위로 되어 있기 때문에 실전처럼 연습하기 좋았고, 한 문제 풀고 그 한 문제를 검토하는 방식이 아니라 바로 옆에 있는 답을 노트로 가리고 50문제를 1시간 정도로 잡고 푼 뒤, 답을 매기고 나서 왜 답인지 아닌지를 검토했다.

③ 기출

국가직 7급, 9급, 지방직 7급, 9급의 5년 최신 기출문제를 모두 풀었다. 독해 공부는 기출문제만 했고, 어휘와 어법을 위와 같이 꾸준히 공부했다. 독해는 한 문장 한 문장 해석해나가되 해석되지 않는 문장은 설명을 읽고 넘겼고, 잘 이해가 가지 않는 어법 문제는 『PASS 실전영문법 555』에서 찾아가며 봤다.

3. 한국사

공무원 한국사는 지엽적이기 때문에 처음에 기출 지문으로 구성된 『아공법 한국사』로 공부를 했다. 기출 지문으로 구성되어 있다는 것이 가장 큰 장점이라 여기고 공부했는데, 중간 점검한 국가직 시험에서 목표보다 점수를 낮게 받아 공부 방법을 바꿔야겠다고 판단했다. 한국사는 아무래도 서사적인 흐름이 중요하다고 생각해『고종훈 한국사 기본서』를 선택해서 소설책 읽듯 빠르게 2회독을 했다. 다른 한국사 기본서는 표로 정리되어 있어 소설책 읽듯 읽기가 어려웠지만, 고종훈 한국사는 660쪽 정도 분량의 줄글로 되어있고 기출 지문을 이용해서 글을 썼기 때문이다.

기본서를 읽은 뒤에는 다시 분야별 기출문제집으로 공부하며 확실히 아는 부분은 지워나갔다. 그리고 자주 나오는 쟁점(의상과 원효, 을미·갑오개혁 등)은 시험이 있는 전 주(10월 첫째 주)에 간단하게 표로 정리했다. 정리를 한 뒤에 다시 읽어보진 못한다 하더라도 내가 생각하며 직접 적어봄으로써 머릿속에 더 확실하게 정리가 된다.

한국사는 흐름이 정리되어 있지 않으면 단편적인 지식만으로 점수를 내기는 어려운 과목이다. 한국사에 대한 전체적인 흐름이 잡혀 있지 않다면 처음엔 간단하게 만화로 된 책도 좋으니 흥미가 가는 책을 골라 흐름을 파악하며 읽어보자. 그러나 전혀 역사에 대해 상식이 없다면 모를까 가능하면 기본서로 공부를 하도록 하자. 처음엔 2회독 정도 기출문제를 본 다음에 흐름이 필요하다는 판단이 들면 줄글로 된 양이 적은 기본서를 빠르게 읽어 흐름을 파악한 뒤 다시 기출문제로 돌아가 공부한다.

그리고 공무원 시험보다 난이도는 매우 낮지만 한국사능력검 정시험을 쳐보길 바란다. 한국사능력검정시험은 공기업이나 사 기업에 지원할 때에도 자격증으로 유용하게 사용할 수 있다. 그 러니 시험을 준비하는 중에 한국사 시험 일정이 있으면 한국사 실력도 점검하고 자격증도 획득할 일석이조의 기회다. 한국사 고급(1·2급)을 꼭 쳐보고 자신감을 얻길 바란다.

4. 헌법

법학은 용어가 낯설어 힘들어하는 사람들이 많지만, 뭐든 처음 이 힘들지 익숙해지면 자연스럽게 느껴지는 때가 오니 해보기도 전에 너무 거부감을 갖지 말기 바란다. 먼저 나는 『황남기 객관 식 헌법 기출총정리』를 1회독 했다. 이 책은 1,000문제가 넘게 수록되어 있는 매우 두꺼운 책이다. 그래서 국가직 7급 직전에 는 선택지를 지워가며 『김현석 최신 1개년 헌법기출문제』를 2회 독 했다.

목표한 점수가 나온 국가직 7급 중간 점검 시험 이후에는 『황 남기 객관식 헌법 기출총정리』를 다시 1회독했다. 이 책이 너무 두꺼워 그 이후에는 『금동흠 헌법 기출문제로 구성된 전범위 모의고사』를 하루에 5회씩 풀고 검토했다. 이때는 이미 헌법 공부가 끝났기 때문에 1회독부터 선택지를 줄여나가며 3회독을 했다. 그러면서 올해 출제된 기출문제 사법고시, 변호사시험, 법무사, 법원행시, 국회직, 서울시, 국가직 등도 함께 풀어 최신경향을 파악했다.

『금동흠 헌법 기출문제로 구성된 전범위 모의고사』를 1회독한 다음에 『황남기 헌법 문제족보를 밝히다』도 빠르게 1회독하며 자주 출제되면서 내가 헷갈려하는 부분은 포스트잇을 붙여놓고 그 문제가 나오면 다시 읽었다. 그리고 위 모의고사에서 이해가 잘 가지 않는 부분을 기본서나 문제족보(요점정리형)에서 찾아서 발췌독했다.

헌법은 그동안의 기출문제와 함께 올해 출제된 기출문제가 매우 중요하다. 특히 뉴스에서 많이 나오는 판례가 있으면 대법원 사이트에 가서 꼭 관련 내용을 확인해봐야 한다. 법학에서 중요한 판례는 출제 예상문제 1순위다. 특히 기존 입장에서 변경되는 대법원 및 헌법재판소 판례는 정말 중요하다.

예컨대 대통령 탄핵심판이 있던 해에는 탄핵에 관련된 문제가 한 문제 이상 거의 모든 시험에서 출제되었다. 이처럼 최근 트렌드를 반영할 수 있는 과목이기 때문에 사회적으로 중요한 이슈에 대한 대법원, 헌법재판소 판례가 변경된 뉴스가 나오면 판례를 검색한다. 판결 전문을 읽으면 좋겠지만 그럴 여유도 없고 이해도 쉽지 않을 수 있다. 앞에 주요 내용을 제시한 판결 '주문'만이라도 확실히 읽어두자. 그리고 내가 목표한 시험을 치기 전에 출제된 최신 기출문제를 반드시 풀어서 새로운 문제를 대비해야 한다.

5. 행정법

헌법과 공부 방법이 유사하다. 그리고 특별히 행정법을 좋아하는 게 아니라면 헌법 다음에 이어서 행정법 순으로 공부하자. 법학도 흐름이 있다. 헌법은 공법의 모법이고 행정법은 그 공법에서 파생된 헌법을 구체화한 법이다. 법대에서도 헌법은 1학년 때 기본적으로 배우고 행정법은 2학년 2학기나 3학년 1학기에 편성되어 있다. 기본적인 공부 흐름이 있기에 헌법 다음에 행정법을 이어 공부하는 것이 좋다.

　행정법은 총론과 각론으로 나뉜다. 헌법과 마찬가지로『황남기 행정법총론 기출문제집』과『황남기 행정법각론 기출문제집』을 선택했다. 그래서 행정법총론과 각론을 각 2회독씩 했다. 처음에 총론이 잘 이해가 가지 않는다면 꼭 각론을 뒤이어 공부하지 말고 총론 2회, 각론 1회 방식으로 진행해도 된다. 행정법 총론에 비해 각론이 출제되는 범위는 적기 때문에 강약 조절이 필요하기 때문이다.

그리고 마지막에 빠르게 훑어보기 위해 금동흠의 『기출문제로 구성된 전범위 모의고사 행정법』을 헌법과 마찬가지로 1회독부터 선택지를 줄여나가며 3회독 했다. 또한 헌법과 마찬가지로 모의고사 행정법을 1회독 한 다음 『황남기 행정법총론 문제족보를 밝히다』와 『황남기 행정법각론 문제족보를 밝히다』를 각 1회독 한 뒤 모의고사에서 이해가 가지 않는 부분은 발췌독했다.

행정법 역시 최신 판례가 중요하다. 하지만 행정법만 별도로 중요한 대법원 판례가 나오는 경우는 드물기에 올해 앞서 출제된 문제 위주로 잘 숙지하자.

6. 행정학

나는 대학교에서 행정학을 전공했지만, 공무원 시험을 준비할 때 영어 다음으로 행정학이 힘들었다. 학과 공부를 할 때는 서술형 시험을 대비해 공부했던 반면 공무원 시험은 암기해야 할 생소한 용어가 너무 많았다. 이렇게 공부할 내용이 많은 과목일수록 기출문제 위주로 공부하는 것이 정말 중요하다. 기본서에 나오는 모든 범위를 다 외울 수 없기 때문이다. 나는 먼저 『김중규 기출문제 선행정학』을 3회독 했다. 그러다가 김중규의 『ALL PASS 선행정학 모의고사 문제편』을 한 번에 5회씩(총 100문제)

풀고 나서 필요한 부분을 기본서에서 발췌독했다.

　앞서 헌법과 행정법은 변호사시험, 법무사시험 등 법학과 관련된 기출문제가 많이 있고, 『기출문제로 구성된 전범위 모의고사』 같은 책으로 빈출된 문제를 모의고사처럼 풀어볼 수 있기에 강사가 문제를 만든 모의고사 문제집을 풀지 않아도 괜찮았다. 물론 시간이 여유롭다면 강사가 문제를 만든 모의고사 문제집을 풀어도 좋겠지만, 실제 공부를 해보면 이를 풀어볼 만한 시간적 여유가 거의 없을 것이다.

　행정학에서 강사가 만든 모의고사 문제집을 선택한 이유로 첫째는 기출문제 모의고사가 많지 않았기 때문이고, 둘째는 행정학은 기존에 출제되지 않았던 새로운 이론을 자주 출제하기 때문이다. 하지만 다시 한 번 강조한다. 처음에는 기출문제로 공부해서 익숙해진 다음에 여유가 있거나 마지막 점검 차원에서 다른 문제를 찾을 때 모의고사를 선택해야 한다. 김중규의 『선 행정학 7급』 같은 기본서를 보면 출제빈도에 따라 A~D까지 등급을 나누어놓았다. 문제를 풀고 나서 발췌독을 하는데 그 부분이 D등급이면 아예 읽지 않았고, C등급은 간단하게 읽었다. 당연히 A등급과 B등급은 집중해서 읽었다.

　마지막으로 행정학 모의고사를 2회독 하면서 헷갈리는 개념은 시험 일주일 전에 한국사처럼 노트 정리를 했다. 다시 말하

* ✳ *

지만 노트 정리를 한 뒤에 다시 읽어볼 시간적 여유가 없다 해
도 노트 정리 자체만으로 마지막 점검이 된다.

> 예) 재무행정 파트에서 '재정자주도', '재정자립도'처럼 헷갈리는 개
> 념은 유사한 문제를 볼 때마다 계속 되새겨 보자. 굳이 적지 않
> 더라도 머릿속에서 무슨 의미인지 한번 상기시켜보는 것이다.
> 그리고 그날 공부를 마무리하며 빈 종이에 적을 때도 그런 부
> 분을 의도적으로 떠올리며 적어보면 기억에 잘 남는다.

　행정학은 다루는 범위가 넓고 양이 많은 만큼 선택과 집중이
중요하다. 기출문제로 공부하되 대부분 기본서가 A~D등급과
같이 중요도를 매기고 있으므로, A, B등급을 중심으로 기본서
를 읽으며 행정학의 흐름을 잡아내자.

7. 경제학

경제학은 처음 공부하는 사람들에겐 아주 힘든 과목이다. 수학
도 잘 못하고 경제학에 정말 아무런 지식이 없다면 이 과목만큼
은 기본강의를 듣기를 권한다. 경제학의 흐름을 아무 배경지식
없이 기출문제만으로 읽어내기는 쉽지 않다. 그러기에 꼭 학원
에 가고 싶다면 '경제학' 기본강의를 듣자.

* ＊ *

나는 처음에는 정병열의 『객관식 경제학』을 1회독 했다. 하지만 중간 점검 점수도 낮게 나왔고 책도 너무 두꺼워서 방법을 바꿨다. 『객관식 경제학』은 객관식 경제학을 준비하는 기출문제를 많이 넣어 7급 공무원뿐만 아니라 CPA와 같은 비교적 난이도 높은 문제가 많았다. CPA 경제학에는 수식을 사용하는 문제가 많은 반면, 공무원 경제학은 기본 개념에서 많이 출제한다. 그래서 나는 오직 공무원 시험에 출제된 경제학 문제만 들어 있는 책을 찾았다. 국가직, 지방직, 서울시 문제를 단원별로 분류한 책으로 선택지를 지워나가며 3회독 했다. 그리고 마지막에는 국가직, 지방직 7급 5년 동안의 기출문제에서 모르는 문제를 반복해서 풀었다.

경제학을 처음 공부하는 사람은 기본서 강의만 듣고, 경제학을 전공하거나 수업을 들어본 사람은 계산 문제와 더불어 기본적인 개념을 꼼꼼히 보아야 한다. 기출문제를 보면 알겠지만 생각보다 기본 개념에서 헷갈리게 하는 문제가 많이 나온다. 그러니 기본서를 옆에 두고 계속 발췌독하여 공부하자. 어느 정도 안다는 생각으로 개념에 대한 숙지를 등한시해서는 좋은 점수를 받을 수 없다.

＊＊＊

시기별 공부법

1. 시작 단계

공무원 시험을 막 시작하는 단계에는 우선 기출문제집부터 사야 한다. 공무원 온라인 카페와 주요 학원에서 '일타강사'를 확인하고 인터넷 전문 고시서점에서 미리보기 등을 통해 과목별로 3개 정도를 선별해둔다. 그리고 서점에 직접 가서 교재를 고른다.

교재를 고를 때는 ① 분야별 기출문제집인지 ② 강사가 저술했는지(출판사에서 편찬하는 것은 가급적 제외) ③ 문제와 정답이 같은 쪽에 있어 바로 확인하기 쉬운지 등을 살펴 원하는 것으로 구매한다. 완전 처음 공부하는 경우 최근 5년 기출문제로 구성된 분야별 문제집 등 비교적 얇은 책을 선택해 빠르게 반복한 다음에 시간이 되면 두꺼운 책을 선택해도 괜찮다. 낯선 과목을 처음부터 두껍게 시작하면 심적 부담이 커질 수 있기에 권하는 방법이다.

책을 선택한 뒤에는 과목별 공부 순서를 세운다. 나는 한국사 → 헌법 → 행정법 → 경제학 → 행정학 → 국어 → 영어 순으로 공부했다. 내가 좋아하는 과목 순서다. 앞서 말했듯 좋아하는 순서대로 과목을 배치한다. 그리고 과목별로 기출문제집을 1회독한다. 처음에는 하나하나 확인하고 싶은 마음에 앞 부분 내용에 공을 많이 들이고 싶을 것이다. 하지만 7과목을 여러 번 보기 위해서 처음에는 속도를 내서 빠르게 소설책 읽듯 읽어나가자.

어학 과목 중 국어는 다른 과목처럼 기출문제집을 1회독 하고, 영어는 분야별 기출문제집이 없으면 연도별 기출문제집을 선택해서 5년 정도 분량을 풀어본다. 풀어볼 때 영어 점수가 안정적으로 85점이 넘는다면 어휘·어법 공부에 너무 공을 들이지 말고 영어 공부를 할 차례가 왔을 때 2~3일 정도만 투자해서 기출문제를 풀고 한 문장씩 공들여 검토하는 것으로 족하다. 하지만 영어 점수가 그 밑이거나 안정적이지 않다면 앞서 설명했듯 매일 2시간 이내에서 계속 공부하자.

최근 국가직 7급에서는 영어시험을 따로 보지 않고 공인자격시험으로 대체했다. 자격시험만 넘기면 되니 영어 공부 부담은 줄어들었지만 아마 합격선이 지금보다 더 높아지거나 다른 과목 시험 난이도를 높일 것으로 예측된다. 그러니 다른 암기과목에 더 신경을 써서 나에게 맞는 책을 골라 회독 수를 최대한 늘려야 한다.

내가 합격한 지방직 7급 시험에서 합격 평균을 넘겼는데 영어 과락으로 떨어졌다는 카페글도 읽은 적이 있다. 그 글이 신빙성이 있는지는 모르지만 그만큼 영어를 어렵게 출제했다는 증거다. 하지만 아직 영어시험이 남아 있는 시험도 많이 있다. 이 경우 영어가 합격에 걸림돌이 되지 않도록 조심해야 한다.

2. 중간시험 이후

공부 시작일과 최종목표 시험일의 중간쯤 볼 유사한 형태의 시험을 '중간시험'이라고 하자. 딱 중간쯤으로 맞출 수 없다면 최소한 3분의 1 시기는 넘긴 다음에 쳐볼 수 있는 시험을 '중간시험'으로 보고 향후 공부의 이정표로 삼아야 한다.

중간시험을 치르고 살펴볼 점은 다음과 같다. ① 과목별 목표점수를 획득했는지 확인한다. ② 시험난이도를 수험 전문 기사를 통해 확인한다. ③ 시험난이도가 낮았는데 목표점수를 획득하지 못한 과목은 방향을 재설정해야 한다. ④ 시험난이도가 높아서 목표점수를 획득하지 못한 과목은 재검토 대상이 된다. ⑤ 목표점수를 획득한 과목은 기존 공부 방법을 유지한다.

목표점수를 획득하지 못한 과목 중 난이도가 낮았다고 평가하는데도 그 시험점수가 기대보다 낮게 나왔다면 반드시 다시 살펴보아야 한다. 나는 중간시험을 본 뒤에 한국사, 경제학, 영어 공부 방법을 바꾸었다. 이를 참고하여 만일 회독 수가 빠르게 넘어가지 않는 과목이 있다면 과감히 얇은 책을 선택해서 그 과목에 대한 전체적인 이해와 암기를 늘리는 방향으로 재설정해야 한다.

　시험이 어려워서 목표점수를 획득하지 못했다면 신중히 살펴보아야 한다. 이건 각자의 선택이다. 목표점수보다 20점 이하로 상당히 낮은 점수를 받은 게 아니라면 기존 공부 방법을 유지하는 방향으로 가자. 반대로 아무리 어려워도 이 점수를 받으면 안 된다는 판단이 든다면 그 원인을 찾고 공부 방향에 변화를 줄 필요가 있다.

　공부 방향을 재설정하는 방법은 사람마다 처한 상황에 따라 천차만별이다. 일률적으로 이렇게 또는 저렇게 하는 게 좋다고 말하기 어렵다. 다만 중간 점검을 통해 내가 합격에 다가가기 위한 최선의 방향을 찾는 것, 그것이 중간 점검의 목표다. 공부를 해나가다 보면 이 방법은 내게 맞고 또 이건 맞지 않는다는 생각이 자연스럽게 들 것이다. 그런 자신의 생각을 믿고 나아가면 된다.

　내가 우사인 볼트의 마라톤화를 신는다고 해서 달리기 1등을 할 수 있는 것은 아니다. 최고의 방법은 내게 맞는 공부 방법이다. 내 발에 꼭 맞는 신발을 찾아야 달리기에서도 실력발휘를 할 수 있듯이, 공부도 내게 꼭 맞는 방법을 찾아 그 방법으로 계속 합격을 향해 달려나가야 한다.

＊

3. 시험 2주 전

시험을 앞둔 2주 전부터는 헷갈리는 논점을 잘 외우고 있는지 수시로 점검해야 한다. 먼저 하루 한 과목씩 정리한다. 모든 범위를 정리하려 하지 말고 자주 출제되는 부분 중에서 헷갈리는 부분을 스스로 정리해보는 것이다. 기출문제집을 공부하면서 확실히 아는 선택지는 지워나갔지만 반복하면서 계속 헷갈리는 논점이 반드시 있을 것이다. 그 부분을 한번 적는다. 그렇게 일주일을 과목별로 헷갈리는 논점을 정리한다.

그런 다음 마지막 7일 동안엔 매일 공부할 과목의 최근 3년 기출문제와 올해 출제된 기출문제를 다시 풀어본다. 암기과목은 금방 풀 수 있다. 오전부터 오후 3시 정도까지 3년 기출문제와 올해 출제된 다른 기관 시험문제를 풀고 틀린 문제 중심으로 공부한다.

그리고 내가 그동안 공부한 기출문제집을 공부한다. 이때는 반복적으로 틀린 문제를 보면서 다시 한 번 머리에 각인시킨다. 헷갈리는 모든 논점을 손으로 쓰지 말고 다시 머리에 찬찬히 되새기듯이 넣는다. 이래서 이 문제는 틀렸다고 스스로 납득시키는 작업을 하는 것이다. 그리고 바로 전날과 시험 당일 아침은 내가 정리한 노트를 계속 읽는다.

마무리 2주 전에는 시험 당일 컨디션을 최고로 높이기 위해

일정한 시간에 잠들고 일어나며 무리하게 공부하지 않는다. 시
즌에 따라 겨울이면 감기를 조심하면서 스스로 컨디션을 유지하
기 위해 노력해야 한다.

나는 2주 전부터는 평소와 다름없이 공부하되 운동 시간을 줄
이고 먹고 싶은 음식을 먹었다. 하지만 위에 지나치게 부담이
가는 음식은 3일 전부터는 피했다. 그리고 공부는 10시간 정도
만 유지하면서, 새로운 문제를 풀지 않았다. 새로운 문제를 지
금 풀어 점수가 잘 나오면 다행이지만 잘 나오지 않는 경우 위
축될 수 있기 때문이다.

시험을 치기 직전까지 계속 기도하는 마음으로 나에게 '할 수
있다'는 용기를 주어야 한다. 공부를 시작하기 전 1분 동안 공부
를 좋아한다고 말했던 것처럼 시험이 다가올수록 '할 수 있다'는
마음가짐으로 스스로를 안심시켜야 한다.

4. 시험 당일

시험을 볼 때 자신만의 일정한 패턴이 있어야 한다. 어떤 과목
부터 풀지, 또 모르는 문제가 나오면 어떻게 할지 빠르게 판단
하고 풀어야 한다. 제한시간이 있기에 그런 판단력도 시험의 일
부가 된다.

나는 그냥 시험지 순서대로 풀었다. 과목을 왔다 갔다 하며

푸는 것은 헷갈리기만 하고 시간 낭비라고 생각했기 때문이다. 하지만 자신 있는 과목부터 빠르게 풀고 나서 정말 자신 없는 과목을 집중해서 시간이 넉넉할 때 풀어가는 방법을 취하는 것도 좋은 방법이라고 생각한다. 다만 이런 방법도 중간 중간 치르는 유사한 시험에서 한번 테스트해보아야 한다. 실전에서 굳이 새로운 스타일의 시험풀이로 도전할 필요는 없다.

모르는 문제가 나오면 1분 이상 고민하지 말고 앞에 크게 체크 표시를 하고 넘긴다. 그리고 한 번 다 풀고 나서 다시 돌아와 생각해본다. 내가 시험을 칠 때 주요했던 부분이 바로 이것이다. 영어 문제를 푸는데 정말 드문드문 막히는 문제가 너무 많았다. 여기서 시간을 끌 수 없다는 생각에 10번 정도까지 풀고 10문제를 남기고 과감히 바로 다음 과목으로 넘겨 풀어나갔다. 그렇게 나머지 과목을 한 번 다 푼 다음에 돌아와서 다시 천천히 마음의 여유를 갖고 문제를 고민하니 마음의 동요가 가라앉았다.

그렇게 모르는 문제를 고민하다가 시험 종료 20분 전이 되었을 때 우선 풀어둔 문제부터 마킹했다. 요즘은 수정테이프를 쓸 수 있어 마음의 부담이 덜하겠지만 그래도 수정테이프를 쓰기보다는 완벽한 마킹을 하도록 노력해야 한다. 수정테이프가 혹여나 훼손되지 않을지 등 쓸데없는 불안감을 가질 필요가 없기 때문이다.

마킹 실수를 많이 하는 사람이라도 빨간색 펜으로 먼저 마킹하고 컴퓨터용 사인펜으로 다시 마킹하기보다는 바로 컴퓨터용 사인펜으로 마킹하는 연습을 해서 실전에서도 그렇게 하길 바란다. 140문제를 빨간펜으로 예비 마킹을 하고 다시 또 컴퓨터용 사인펜으로 마킹하는 데 드는 시간도 생각보다 오래 걸리기 때문이다. 그리고 마지막 순간까지 헷갈렸던 문제는 마킹하지 말고 마지막까지 고민하다가 바로 선택할 수 있도록 한다.

고민의 우선순위는 다음과 같다. 암기형 문제는 답을 모르겠으면 바로 찍는다. 찍을 때도 그냥 찍지 말고 ① 최대한 소거를 한다. ② 해당 과목에서 답으로 많이 나온 번호는 피해서 찍는다. 그리고 국어나 영어 혹은 경제학처럼 이해를 통해 고민할 여지가 있는 부분을 마지막까지 풀어본다. 시험이 5분 정도 남은 경우 한두 문제만 고민해야 한다.

예컨대 이해형으로 5문제를 모른다고 할 때, 정말 고민해도 모를 것 같은 문제는 빠르게 찍고 내가 정말 풀 수 있을 거 같은데 헷갈리는 문제로 끝까지 고민하다가 1분 전쯤 마킹한다. 그리고 남은 시간은 내가 제대로 마킹했는지 한 번 더 살펴보면 아마 종이 울릴 것이다. 마지막까지 마킹하지 않고 있다가 시험관과 실랑이를 하지 않길 바란다.

* ✳ *

시험이 끝나면 감독관에게도 민원이 많이 제기된다. 마킹을 다 못한 시험지를 빼앗겼다는 민원과 또 한쪽에서는 마킹을 하고 있는데 이를 제지하지 않았다는 민원이 동시에 제기된다. 후자의 경우가 생각보다 많다. 그런 빌미를 제공하지 않기 위해서라도 시험 시간 내에 마킹까지 다 끝내야 한다.

내가 쳐본 시험 중 한 시험에서는 내 두 자리 앞 사람이 마지막에 마킹을 다 하지 못해서 종이 울렸음에도 마킹을 계속하고 있었다. 이에 시험관이 말로 제지를 했음에도 계속 마킹을 하자 한 명의 시험관이 와서 그 사람의 팔을 잡았고 다른 한 명이 차례대로 답안지를 걷어 갔다. 그 사람은 시험이 끝난 이후에 내가 나갈 때까지 이상한 논리를 펴며 그 시험관에게 항의를 하고 있었다.

그 사람의 행동을 비난하려는 것이 아니다. 지금 이 글을 볼 때는 내가 이런 행동을 할 리는 없다고 생각할 것이다. 하지만 사람이 절박한 순간에 몰린다면 어떤 행동을 할지 아무도 짐작할 수 없다. 내가 문제를 푼 것을 바르게 옮겨서 답안지로 채점을 받는 것도 시험의 중요한 과정이다. 마킹을 잘못하거나 덜해서 내가 아는 문제를 틀렸는데 그 한 문제로 떨어진다면 1년을 더 수험가에서 보내야 한다.

실제로 바로 내 옆에서 그런 경우를 본 적이 있다. 그 사람은 자신이 마킹 실수를 할 리가 없다고 생각해서 재검토까지 하러 갔다. 그리고 자신이 잘못 체크했다는 것을 직접 확인하고 왔다. 그는 그 한 문제로 내년을 기약해야 했다. 이런 피눈물 흘릴 일은 없도록 시험을 칠 때는 집중력을 잃지 말고 마킹까지 잘 마무리해야 한다.

5. 마음 점검

내가 합격한 뒤 주변에 시험을 준비하는 친구들과 여러 상담을 해보면서 느낀 것은 많은 수험생이 생각보다 기출문제의 중요성을 간과하고 있다는 점이었다. 처음 공부를 시작하는 친구들은 아무런 기본지식이 없으니 기본강의부터 들어야 하는 게 아닌지에 대해서도 많이 고민하고 있었다. 그런 고민을 들어보니 이런 친구들은 실제로 내년을 생각하고 지금부터 차근차근 기본강의를 들어야 하는 것이 아닌가 싶은 생각도 잠깐 들었다. 그러나 이내 나는 종합반 학원 시간표로는 절대 1년 안에 합격하지 못한다는 내 확신으로 돌아왔다. 매일 2~3과목씩 학원 강의를 들으면 복습할 시간이 절대적으로 없기 때문이다. 학원 강의는 강의일 뿐 내가 공부하는 시간이 절대 아니다.

내 주요한 합격 전략은 물리적인 시간을 짧게 잡고 그 안에서 가장 효율성을 극대화하는 계획을 짜서 능동적으로 빠르게 공부

＊＊＊

한 것이었다고 생각한다. 합격의 정도(正道)는 오직 합격이 증명한다. 기본강의, 문제풀이, 모의고사 순서로 학원 수업에만 계속 의존한다면 내가 스스로 공부하는 시간은 절대적으로 부족해진다.

물론 기본강의가 필요할 수 있다. 그것을 부인하고 무조건 혼자 하라는 의미는 절대로 아니다. 하지만 기본강의를 듣고 이해를 한 다음에 계속 숙지해나가는 것은 나의 공부다. 강의를 듣고 있으면 언제나 내가 다 알고 있다는 착각에 빠져 스스로 하는 공부는 등한시하기 쉽다. 먼저 전 범위 기출문제를 풀어봄으로써 내 수준을 점검하고 정말 이해가 가지 않는 경우에만 기본강의를 듣는 정도로 끝내야 한다.

기출문제집 2회독을 한 뒤 해당 과목의 점수가 50점 정도만 넘긴다면 기본강의 없이 혼자서 공부해나갈 수 있다. 기본적인 용어와 원리는 숙지하고 있기에 절반은 맞춘다고 볼 수 있기 때문이다. 강의는 공부의 중심이 아니다. 오히려 빠른 합격을 위해서는 지양되어야 한다. 능동적으로 공부하는 시간이 공부의 중심이 되어야 한다.

마지막으로 지금 수험생이라는 신분으로 힘들어하는 독자들에게 말하고 싶다. 모두가 합격하기 전까지는 불안해한다. 합격하는 사람, 아니 수석으로 합격하는 사람이라도 합격하기 전에

* * *

는 모두가 불안해하고 있다. 혼자만 불안해한다고 생각하지 말고 불안을 이겨낼 수 없다면 모두가 그렇게 힘들어하고 있다고 생각하고 받아들이는 것도 하나의 방법이다.

나 역시 불안감에 미칠 것 같은 순간이 있었다. 그때마다 알 수 없는 먼 미래를 바라보며 불안과 고통을 견뎌내기보다는 하루하루 공부하는 것에 더 집중하려 애썼다. 공부가 하고 싶지 않으면 1분 아니 그 이상의 시간을 나 자신과 허심탄회한 대화를 나누며 마음을 바꾸기 위해 애썼고, 도저히 공부가 안 되는 날은 중간에 휴식을 취하고 나서 다시 나를 달래어 독서실에 돌아오기도 했다.

공무원 시험은 사람들이 생각하는 것보다 허수가 많은 시험이다. 올해 공무원 시험 경쟁률이 몇십 대 일에 육박하고, 수험생 중 2퍼센트가 합격한다고 하지만 그 수험생 중 시험을 치러 오지 않는 사람만 4분의 1 이상 되었다(내가 있던 시험장 기준). 결국 합격은 정말 상위 10퍼센트 내에서 그동안 공부해온 노력과 그날의 컨디션과 어느 정도의 운으로 결정된다고 생각한다(100퍼센트 합격은 그 누구도 장담할 수 없기에 '운'이라는 표현을 쓸 수밖에 없다).

이렇게 허수가 많다는 것은 반대로 올바른 방법으로 공부한다면 누구에게나 합격의 가능성이 열려있다는 뜻이기도 하다.

* ✳ *

제대로 공부하지 않아 시험에 반복해서 떨어지는 주위 수험생들을 보면서 낙담하지 않았으면 한다. 자신을 믿고 충실히 하루한 과목에 집중하며 끝까지 최선을 다한다면 머지 않아 분명 합격의 신이 당신을 향해 웃어줄 것이다.

제7장

자격증 시험

내 미래를 대비하는 첫걸음

무엇을 공부해야 할지
모르겠다면?

이미 수능도 봤고, 대학도 졸업했고, 국가시험이나 입사시험을 치르고 직장인이 되었다. 그래도 미래는 여전히 불안하고 무언가 공부를 해야 할 거 같다는 마음은 드는데, 혹시 목표를 찾을 수 없는 혼란스러운 상태인가? 이런 혼돈을 끝내고 싶다면 내가 무엇을 좋아하는지 찾는 게 가장 좋은 방법이다. 그러나 무엇을 공부해야 할지 모르겠다는 건 그만큼 파고들 정도로 좋아하는 일이 아직은 없다는 의미다.

이럴 때는 먼저 업무와 연관된 자격증 시험부터 도전해보자. 단순히 뭔가 배우는 것은 자신의 성장이 잘 보이지 않아 이내 포기하기가 쉽지만, 자격증을 목표로 하면 도전의식도 생기고 동기부여가 된다. 내가 공부한 것이 계량화되고 매일매일 쑥쑥 늘어가는 나의 지식이 보인다면 공부가 그렇게 싫지만은 않을 것이다. 왜 게임을 좋아하는가? 점수를 올리면 레벨이 올라가고 자기 레벨에 맞는 적절한 난이도의 또다른 적이 나타나서 이 게임을 계속하고 싶게 만들기 때문이다. 게임하듯이 재미를 붙여 빨리 자격증을 딸 수 있는 방법을 살펴보자.

첫째, 흥미가 있는 자격증은 그동안 관심이 있었던 분야에서 찾으면 된다. 간혹 이를 좋아하는 것과 착각할 수도 있지만 흥미 있는 것과 좋아하는 것은 질적으로 다르다. 흥미는 한번 해보고 싶다는 정도로 사실 이와 관련된 경험의 깊이가 매우 얕다. 하지만 좋아하는 것은 내가 경험을 해봤는데 이것이 매우 좋더라는 의미로 흥미와는 비교할 수 없을 정도로 경험의 깊이가 깊다. 좋아하는 일이 있다면 그것을 하면 된다. 하지만 딱히 떠오르는 것이 없다면 평소에 한번 해보고 싶었던 분야와 관련된 자격증을 찾자.

자격증은 그 종류가 매우 다양하다. 국가공인 자격증만 해도 그 수를 정확히 헤아리지 못할 정도로 많다. 이에 공신력 있는 민간에서 운영하는 자격증까지 더한다면 내가 관심 있는 분야에 관한 웬만한 자격증이 다 있다고 여겨도 무방하다. 그렇다 해도 목표할 자격증을 선택할 때는 국가공인 자격증을 우선해서 선택

* * *

하자. 민간에서 운영하는 자격증은 몇몇 공신력 있는 기관 외에는 대개 많은 돈을 요구하고 별다른 시험 없이 출석만으로 자격증을 남발하는 곳이 많기 때문이다. 그리고 민간에서 운영하는 자격증은 기출문제를 얻기도 힘들어, 수강 등 그들이 요구하는 방법대로 공부하다가 돈만 쓰는 악순환이 발생할 수 있다.

둘째, 지금 업무나 전공과 관련된 분야의 자격증을 찾자. 평소 특별히 관심 있는 분야가 없다면 내가 그동안 해온 것부터 시작하면 된다. 내가 맡은 업무가 마케팅이라면 마케팅과 관련된 자격증이 있을 것이고, 더 큰 틀에서 보면 경영이나 경제와 관련된 자격증을 따도 좋다. 업무나 전공에 딱 맞아떨어지지 않더라도 연관이 있는 자격증이면 된다. 그리고 많은 기업에서 직원 역량 강화를 위해 자격증 유무로 승진 여부를 결정하기도 한다. 가산점을 넘어 자격증을 취득하지 못하면 승진 기회조차 얻지 못한다. 그러니 이와 관련된 공부를 먼저 시작하면 당연히 일석이조의 효과를 거둘 것이다.

셋째, 널리 알려진 자격증을 공부하자. 이건 사실 최후의 수단이다. 이 방법으로 공부를 시작하길 권하지는 않는다. 하지만 무언가 불안하고 내 눈앞에 어떤 성과가 보이길 바라지만 무엇을 할지 모르겠다면 일반 대중에게 널리 알려진 자격증 공부가 가장 무난하다. 이때는 난이도가 낮은 것부터 시작하자. 많이 알려진 자격증은 대개 합격률이 다소 높은 편이지만 그중에서도 굳이 어려운 것부터 시작해서 공부의 흥미를 떨어뜨릴 필요는 없다. 이왕 공부하자고 마음먹고 나에게 할 수 있다는 신호를 주기 위해 선택하는 시험인 만큼 합격률이 높은 시험부터 도전하자.

자격증 시험은 공부의 전부가 될 순 없다. 하지만 무엇부터 해야 할지 몰라 길을 잃고 헤매는 사람들에게 작은 이정표가 될 수 있다. 그 작은 이정표를 따라 올라가다보면 산의 정상에 다다를 것이다. 실천을 통해 얻은 경험 그 자체만으로도 내게는 큰 자산이 된다. 생각만 하지 말고 시작부터 하자.

고민할 시간에
접수부터 하자

만약 시간이 부족해서 공부를 미루기만 하고 있다면 작은 노트에 1시간 단위로 내가 무엇을 했는지 기록해보자. 가능하다면 30분 단위로 나누어도 좋다. 『완벽한 공부법』의 저자 고영성과 신영준은 '일일 플래너'를 쓰길 권한다. 이들이 직접 운영하는 멘토링 프로젝트에서는 과제로 일일 플래너를 매일 제출한다고 한다. 이런 강제성이 있어도 끝까지 해내는 친구들은 소수라고 한다. 하지만 이 일을 완수한 소수들은 그동안 버린 시간이 어디 있었는지 알고 그 시간을 활용하여 자신의 임계점을 돌파하고 성장하는 사람이 되고 있다고 말한다. 이것은 이 프로젝트를 계획한 사람의 의견이 아니라 실제 참여한 학생들의 후기다.

이 강의를 듣기 전에도 나는 공부할 때 늘 플래너를 썼다. 매시간을 쪼개진 않았지만 성장일기와 같이 오늘 한 일을 적고 분량을 꾸준히 적어나갔다. 그리고 공부가 잘 되는 날은 나를 칭찬하고 잘 되지 않은 날은 격려해주었다. 시간도 얼마 걸리지 않고 스스로 돌아볼 때 내가 이렇게 공부했구나 하며 뿌듯함을 느낄 수 있었다. 속는 셈 치고 한번 기록해보자. 내가 매일 매시간 무엇을 하는지 기록해보면 내가 정말 시간이 있는지 없는지 정확히 알 수 있을 것이다.

막상 공부를 시작하려 하면 많은 것들이 가로막는다. 가장 큰 방해물은 '내 생각'이다. 공부를 시작하기까지 버퍼링이 너무 심하다. 완벽한 타이밍을 기다리라며 자꾸 행동을 멈춘다. 앞서도 말했지만 완벽한 타이밍은 존재하지 않는다. 내가 완벽한 타이밍을 만들어가야 한다. 지금은 바빠서 좀 한가해지면 공부를 할 생각인가? 지금 당신의 머리를 힘들게 하는 그 업무가 마무리된다고 해도 이어서 분명 다른 업무가 이내 당신을 괴롭힐 것이다. 생각만 하지 말고 일단 움직여보자. 삶이 한층 풍요로워질 것이다.

할 수 없을 것 같은 이유는 치워버리고 '할 수 있는 이유'를 먼저 찾자. '역시 너무 힘들어', '포기하고 싶어'라는 생각이 드는 순간에도 공부를 계속하라. 뇌는 '인지부조화'를 벗어나기 위해 계속 공부를 하면 공부를 하는 것이 좋은 것이라고 느낀다. 정말 공부가 하기 싫은 날에도 조금만이라도 하자고 다독이며 앉아 공부를 시작하면 그래도 공부가 되던 경험을 해보았을 것이다. 막상 시작하면 별거 아니게 느껴지는 일들이 많다.

직장인이라고 다를 것은 전혀 없다. 집에 돌아와서 TV를 켜고 침대에 누울 시간에 잠깐 앉아서 공부를 시작하면 되는 것이다. 단순한 규칙을 만들면 된다. 나는 그래서 중요하게 꼭 해야 하는 일이 있으면 아침에 TV 리모컨을 옷장이나 신발장에 넣어버리고 출근한다. 그리고 퇴근 후에는 스마트폰은 무음으로 설정하고 내게서 멀리 떨어뜨려 놓는다. 내가 공부할 수 있는 환경을 스스로 만드는 것이다. 옆에 과자를 잔뜩 쌓아두고 "이제 다이어트를 시작할 거야!"라고 말하는 것은 어리석다. 일단 그 과자를 내 주변에서 치워야 한다.

할 수 없다는 생각을 버리면 공부를 시작할 수 있다는 것을 알게 되었으니 이젠 내가 목표로 하는 자격증 시험을 접수하자. 아주 작은 행동이고 자격증을 따기 위한 당연한 행동이지만 이 작은 행동부터 실행에 옮겨야 몸이 공부하도록 움직일 것이다. 물론 시기가 맞지 않을 수도 있다. 그런 경우 접수 일자를 체크하고 시험 과목을 확인한다. 그리고 시험일에 맞춰서 공부를 시작하면 된다. 가장 최근에 있는 시험일을 합격 목표로 세운다.

생각보다 시험 과목이 많으니 1년 뒤에 합격하자고 생각하면 느슨해지기 쉽다. 그리고 2차 혹은 3차까지 치러야 경우가 있으니 남아 있는 시일에 따라 다르지만 처음부터 동차 합격을 노리기보다는 '1차 합격'부터 목표로 하자.

예컨대 공인중개사 시험의 경우 1·2차가 같은 날 다른 시간대에 치러지다 보니 동차 합격을 바라고 모든 과목을 한 번에 준비하는 경우가 많이 있다. 물론 전업 수험생들에게는 충분히 가능하다. 하지만 직장인들은 그만큼 시간을 내기 어렵다. 그러니 우선 1차 합격을 하고 다음 해에는 2차 합격을 목표로 공부하는 것을 추천한다.

공부를 시작하면 성취감이 중요하다. 시험을 봐서 붙으면 다행이지만 떨어진다면 좌절감으로 이내 공부를 손에서 놓게 된다. 그리고 동차 합격을 위한 공부는 그 양이 많아져 빨리 지칠 가능성이 높다. 그러니 한걸음씩 나아가길 권한다. 나도 욕심이 많아 이것저것 다 해본 적이 있다. 하지만 이것저것 깔짝거리며 손을 댔을 때는 그다지 성과가 없음을 깨달았다. 계속 공부를 하며 욕심을 내려놓는 법을 배우고 있다. 지나친 욕심은 몸과 마음을 지치게 한다. 우선 시험 접수부터 하자.

시험을
최대한 파악하자

✳

합격점수

시험의 유형에 따라 주관식 서술형 혹은 면접시험까지 있을 수 있다. 하지만 대개 자격증 시험은 우선 객관식 필기시험부터 시작한다. 시험요강 혹은 시험을 출제·주관하는 홈페이지에 들어가면 문제유형과 합격점수를 확인할 수 있다. 대개 합격점수는 60~80점 사이에서 결정된다. 합격점수가 낮을수록 기출문제만으로 합격하는 것이 훨씬 더 유리하다. 그리고 문제은행 식으로 출제하는지도 확인한다. 문제은행에서 출제할 경우 비슷한 유형 혹은 내용의 시험이 반복하여 출제된다. 합격점수가 60점이라면 오직 기출문제만 반복하는 것으로 전략을 세우고, 80점 정도로 비교적 높은 경우에는 기출문제에 시중 문제집까지 풀 시간도 염두에 두어야 한다.

절대평가 vs 상대평가

일정 점수를 넘기면 합격하는 '절대평가'와 다른 이들과 경쟁을 통해 상위 몇 퍼센트 혹은 몇 등 안에 들어야 하는 '상대평가'로 나뉜다. 절대평가 시험은 시험난이도에 따른 편차는 있으나 한 권의 기출문제집을 제대로 반복하는 것으로도 합격하는 데 큰 지장이 없다. 물론 절대평가라도 일정 규모의 합격률을 유지하기 위해 난이도 조절용 문제는 넣기 마련이다. 하지만 합격점수 60점에 절대평가라면 한 권의 기출문제만 선택해서 풀어도 충분히 합격할 수 있다.

　반면 상대평가는 까다로운 문제가 절대평가 시험보다는 많이 출제될 수밖에 없다. 상대의 우열을 가리기 위해 불가피한 일이기도 하다. 일반적인 상대평가 시험의 경우 최근 5년 동안의 합격률과 합격점수를 파악하자. 그리고 기출문제를 반복해서 공부하고 나서 가장 많이 팔리는 시중 모의고사를 한 권 정도 풀 시

＊ ＊ ＊

간까지 안배해두어야 한다. 그렇다고 너무 걱정할 필요는 없다. 기출문제에서 반복해서 나오는 기본문제와 기출문제에서 응용되는 문제만 확실하게 맞춰도 80점은 확보된다. 그리고 혹 공부를 많이 하지 못하고 시험을 보더라도, 다른 응시자들과 비슷한 상황이라면 오히려 합격할 가능성이 충분할 수도 있다. 상대평가라고 지레 겁을 먹고 포기할 필요는 전혀 없다.

과락점수

여러 과목을 시험 칠 경우, 전체 득점은 평균 60점 이상, 각 과목별 득점은 40점 이상이어야 합격한다고 명시하기도 한다. 이러한 과락점수가 있는 경우 한 과목이라도 과락(40점 미만)이 되면 다른 과목의 점수가 아무리 높아도 불합격하게 된다. 이런 경우에는 자신의 약점과목이 안정적으로 확실히 과락점수를 넘도록 하는 것이 중요하다. 즉 과목별로 시간 안배를 잘해야 한다. 그리고 약점과목이라 하더라도 이어서 소개할 기출문제 공부법을 적용하여 대비한다면 과락을 피할 수 있다. 약점과목의 과락만 피하면 내가 자신 있는 과목에서 점수를 올려 안정적인 평균 합격점수를 얻을 수 있을 것이다.

기출문제

시험공부에 필수인 기출문제를 찾을 수 있는 방법은 ① 시험 기관의 공식사이트에 게시되는 기출문제 ② 시험 기관에서 판매하는 공식 기출문제집 ③ 각 출판사가 독자적으로 출판하는 기출문제집(공저) ④ 시험 관련 강사가 해설하는 기출문제집 등으로 나뉜다.

이때 가장 먼저 공부할 책은 ④번이다. 전문강사의 해설을 함께 볼 수 있는 형태의 기출문제집이 기본서로 삼기에 좋기 때문이다. 또한 강사의 설명이 유기적으로 연결되어 있어 자연스러운 흐름에 따라 공부할 수 있다. 만일 이런 책이 없다면 ②번, ③번 순으로 책을 선택한다. 만약 시험이 문제은행 식으로 출제된다면 아무래도 시험 기관에서 직접 판매하는 책에 앞으로 실제 출제될 문제가 많이 실려 있을 것이다. 수능을 준비하는 학생들이 그동안 EBS 교재를 교과서처럼 공부해온 것과 마찬가지다.

긴장 속에 시험을 치르더라도 눈에 익숙하고 아는 문제를 만나면 마음이 안정된다. 따라서 시험 기관에서 출제하는 ②번이 우선이고, 그런 책이 없으면 각 출판사가 독자적으로 출판하는 ③번을 선택한다. ①번은 당연히 봐야 할 문제지만 연도별로 구성되어 있으므로 ②번, ③번, ④번 책 중 한 권을 1회독 한 다음

내가 제대로 아는지 모르는지를 점검하기 위해 다시 풀어보는
용도로 사용하면 된다.

출제경향

기출문제로 공부하면서 출제경향을 파악한다. 처음 공부하는 생
소한 과목은 1회독 할 때 그 내용보다는 형태와 답이 되는 구조
에 집중한다. ① 어떤 분야에서 문제가 많이 나오는지 파악한
다. ② 해당 분야에서 자주 나오는 단어를 파악한다. ③ 자주 답
이 되는 패턴을 파악한다. ④ 똑같이 나오는 문제 혹은 정답을
확인한다.

①번은 목차와 분량을 확인하면 쉽게 확인할 수 있다. ②번은
분야별로 많이 나오는 단어가 있다. 이것이 핵심 키워드다. 빈
출되는 단어일수록 풀이에 자세히 설명되어 있으므로 이를 잘
파악한다. ③번은 오답이 만들어지는 구성을 확인하는 것이다.
주로 '모두', '예외 없이' 이런 단어가 들어간 선택지는 오답이 될
가능성이 많다. 어떤 이론이든 예외가 없는 경우는 잘 없기 때
문이다. 그 외에도 'A가 아니라 B다'라는 형식이 나올 경우 이
를 바꿔서 오답으로 만들 수 있기 때문에 문장 구조적인 부분을

파악하는 것이 좋다. 법학 문제에서 '기한'을 다룰 경우 '20일, 30일' 같은 부분을 바꾸어 오답으로 많이 만든다. 이렇게 오답으로 자주 만드는 구조를 파악하면 실제 시험에서 잘 모르는 문제가 나와도 구조만으로도 정답을 손쉽게 고를 수 있다. ④번은 한 분야에 관련된 문제를 계속 읽으면 똑같은 선택지로 답이나 오답이 되는 경우가 많다. 이런 문제는 소거법을 이용하여 가장 처음에 나온 선택지 하나만 남기고 나머지는 다 삭제해서 분량을 줄일 수 있다.

최소 시간으로
최대 효율 만들기

기출문제 외우기

기출문제는 푸는 것이 아니다. 외워야 한다. 이는 문제를 단순히 풀어보고 이 문제를 맞았다 틀렸다에 연연해하는 것이 아니라 선택지 하나하나의 정오판별까지 할 수 있어야 한다는 의미다. 특히 문제은행 식으로 출제하는 시험은 기출문제만 제대로 외워도 합격에 큰 지장이 없다. 비슷한 문제가 반복되거나 심지어 거의 동일한 문제도 충분히 나올 수 있기 때문이다. 자격증 시험은 기본적인 '지식'과 '풀이 패턴'에 초점이 맞춰져 있다. 사고력보다는 기본 지식을 조합하면 문제를 대부분 풀 수 있다.

＊＊＊

기출문제를 통해 얻을 수 있는 3가지는 다음과 같다. ① 출제 경향을 통해 자주 나오는 부분과 버려도 되는 부분을 구분할 수 있다. ② 반복되는 문제 유형에 대한 풀이 패턴을 익힐 수 있다. ③ 기본서를 읽는 시간이 단축된다. 기출문제를 통해 이미 어떤 부분이 답이 되는지를 알고 기본서를 공부하기 때문에 두껍더라도 중요한 부분 위주로 빠르게 읽어낼 수 있다.

단순히 대학교 다닐 때만 생각해봐도 우리는 왜 그렇게 '족보'를 찾아다녔을까? 시험문제를 출제하는 사람들이 중요하다고 생각하는 부분과 의식의 흐름이 비슷하기 때문이다. 완전히 똑같은 문제가 아니라도 답이 되는 구조 혹은 묻는 지식은 거의 유사하다는 의미다. 이미 답을 알고 시작한다면 합격은 더욱 빨라질 수밖에 없다.

기억에 남는 단어 떠올리기

짧은 시간에 빠르게 합격하기 위해서는 최대한 많은 지식을 빠르게 머릿속에 넣어야 한다. 이때 활용할 수 있는 '연상법'에 대해 간단히 설명하겠다. 먼저 하루 공부가 끝나면 '백지노트'에 오늘 공부한 것 중 중요한 단어를 적어본다. 1분의 제한시간을 두고 빠르게 적는다. 문장보다는 핵심단어 위주로 최대한 많이 적는다. 공부할 때는 모든 것이 다 머릿속에 있는 것 같지만 책을 덮고 떠올려보면 처음에는 생각나는 단어가 많지 않다. 그렇게 1분간 최대한 많이 적어본 뒤 오늘 공부한 범위를 다시 빠르게 훑어본다. 떠올릴 때 잘 생각나지 않았던 단어가 눈에 들어오면 백지노트 위에 '빨간색 펜'으로 적고 다시 읽어본다.

다음날 공부를 시작하기 전 어제 적어둔 백지노트를 한번 빠르게 훑는다. 그리고 공부를 하고 나서 똑같이 '백지노트'에 그날 공부한 단어를 1분간 동일하게 적고 다시 책을 읽고 떠올리지 못했던 단어를 빨간펜으로 적는다. 마무리로 어제와 같이 그날 적은 단어를 읽고 나서, 어제 적은 단어도 한 번 더 읽어본다.

이렇게 반복하면 이틀 동안 3번을 반복할 수 있다. 그리고 주말에 그 주에 공부한 모든 백지노트 위에 있는 단어를 한 번 더 읽어본다. 다 읽는데 10분도 채 걸리지 않을 것이다. 내가 적은 단어를 다시 보면 그 단어와 관련된 문제가 머릿속에 떠오르며 자연스럽게 전체적인 복습이 가능해진다. 반복만이 기억을 오래 유지해준다.

이 방법은 서술형 시험을 대비할 때에도 요긴하게 쓸 수 있다. 서술형은 객관식과 달리 키워드 중심으로 논점을 풀어나가야하기 때문이다. 즉 중요한 키워드가 있으면 점수를 얻고 없으

면 감점을 당한다. 연상법은 핵심단어를 많이 기억하도록 도와
주기에 중요한 키워드를 놓칠 가능성이 적어진다.

매주 테스트하기

자격증 시험은 범위가 적으면(500쪽 이내) 일주일에 기출문제 1회
독을 목표로 삼는다. 처음부터 완벽하게 공부하려 하지 말고 1회
독은 빠르게 어떤 경우 답이 되는지 구조적인 부분을 파악한다.
2회독은 핵심단어를 파악하고 3회독은 핵심단어를 중심으로 조
금씩 지식을 넓혀가는 것이다.

　이렇게 일주일 안에 1회독을 하고 나면 바로 테스트를 하길
바란다. 1회독을 했을 뿐인데 왜 테스트를 해야 할까? 단순한
반복만으로는 기억이 '각인'되기가 쉽지 않기 때문이다. 확신을
갖고 문제를 풀었는데 틀리면 '어? 이게 왜 틀렸지?' 확인하면서
더 잘 기억이 나는 경험을 다들 해보았을 것이다. 본 시험만 아
니라면 얼마든지 틀려도 괜찮다. 틀린 문제를 계속 반복해서 본
시험에서 제대로 맞추기만 하면 된다. 1회독만으로 바로 테스트
해보는 게 부담스러우면 늦어도 3회독부터는 반드시 테스트해
보기 바란다.

テ스트 문제는 '연도별 기출문제집'을 활용해서 실전처럼 푼다. 연도별 기출문제집은 ① 전 범위를 한 번에 확인 할 수 있다. ② 공부한 내용을 복습할 수 있다. ③ 출제경향과 일치한다는 점에서 매주 확인할 수 있는 테스트가 될 수 있다. 즉 공부한 것과 시험 치는 것이 거의 일치하며 반복효과를 강화한다. 그리고 '실전처럼'이란 시간 제한을 두고 OMR카드를 구할 수 있다면 마킹까지 점검하면서 푸는 것을 의미한다.

이렇게 매주 시험을 치르며 실전 적응력을 높인다. 그리고 10년치 연도별 기출문제집을 선택지 정오판별이 가능할 정도로 완벽하게 공부했다면, 본 시험이 한 달 정도 남았을 무렵에는 시중에 나온 가장 많이 팔리는 문제집 한두 권 정도로 계속 테스트를 유지하자. '연습은 실전처럼. 실전은 연습처럼.' 이 문구를 실천하는 가장 빠른 방법이다.

막판 1일 1회독 하기

1일 1회독이 가능하냐고 되묻고 싶을 것이다. 충분히 가능하다. 왜냐하면 우리는 공부할 내용을 계속 줄여나가는 공부를 하고 있기 때문이다. 1회독 때는 간단하게 전체적인 구조를 살핀 뒤

2회독부터는 계속 문제를 읽으며 반복되는 선택지와 확실히 아는 선택지를 컴퓨터용 사인펜으로 지워버린다. 문제를 지울 경우 X표를 치고 선택지를 지울 경우에는 깔끔하게 자를 대어 두껍게 줄을 그어버리면 된다. 그렇게 없앤 문제들은 회독을 반복할수록 늘어간다.

시험일 D-7 정도가 되면 빠르게 읽으면서 다시 봐도 헷갈리는 문제에 체크 표시를 해둔다. 그리고 D-3부터는 체크 표시된 문제를 중심으로 빠르게 훑으면 된다. 이때 정독하며 천천히 읽으려 하지 말고 가볍게 문제를 넘겨보며 리듬감 있게 1회독을 하고 헷갈렸던 문제를 천천히 다시 보는 전략으로 공부한다.

1일 1회독에 부담이 크다면 시간을 1시간 정도 정해두고 문제 중심으로 빠르게 1회독 한다. 그리고 다시 처음부터 읽어보며 헷갈리는 문제를 체크하면 된다. 가볍게 1회독을 하면 해당 내용을 구조화하기가 쉽다. 또 막판에 집중해서 본 문제들은 더욱 기억이 잘 난다. 빠르게 보면서 답이 잘 떠오르지 않는 문제들이 바로 실전에서 내가 막힐 수 있는 부분이다. 이를 1일 1회독을 통해 다시 한 번 점검해서 실전에서는 틀리지 않도록 만들어야 한다.

시험 전 컨디션 챙기기

시험 준비를 잘했다 하더라도 시험 당일 컨디션이 좋지 않으면 합격을 장담할 수 없다. 특히 직장인이라면 야근이나 회식 등 다음날 컨디션에 지장을 주는 일이 갑자기 생길 수도 있다. 시험이 얼마 남지 않았다면 건강관리와 일정관리에 평소보다 더 신경 써야 한다. 이에 더해 마음의 동요를 막는 5가지 방법을 소개하겠다. 컨디션 관리에 참고하여 시험 당일에 자신의 실력을 맘껏 발휘하자.

① **시험 전날 준비물을 미리 준비해서 가방에 넣어둔다.** 시험 당일 아침에 챙기면 무언가 빠트릴 수 있고 이 때문에 불안감이 생겨 시험에 방해가 될 수 있다. 따라서 수험표, 신분증, 필기도구, 휴지 같은 것을 잘 챙겨서 가방에 넣어둔다.

② **시험장 주소를 다시 한 번 확인해서 집에서 시험장까지 가는 동선을 파악해두자.** 매우 기본적이지만 당일 아침에 확인하다가 우왕좌왕 하는 경우도 있다. 이런 사소한 것들로 인한 심리적 동요가 시험에는 크게 작용할 수 있기에 사전에 준비할 수 있는 것은 철저하게 준비해두어야 한다.

③ **전날 밤에 다른 일을 만들지 않는다.** 시험 전날은 평소보다 일찍 집에 와서 시험 준비를 마무리하고 가급적 일찍 잠든다.

* * *

물론 공부가 부족하다고 생각해서 밤을 새워 공부하려는 사람도 있을 것이다. 그건 본인의 자유다. 하지만 단 하나 공부 외에 다른 일정을 잡아두어서는 안 된다. 최대한 일정을 조절해서 시험 전날은 빨리 퇴근할 수 있도록 미리미리 준비해서 다음날 시험을 치르는 데 문제가 없도록 만들자.

④ **시험 시작 30분 전에는 도착한다.** 늦어도 30분 전이라는 의미다. 더 일찍 가는 것은 문제가 없다. 시험장 환경은 낯설기에 이에 적응하기 위해서라도 미리 도착할 수 있도록 전날 파악한 경로와 시간에 따라 일찍 출발하기를 바란다. 헐레벌떡 뛰어 들어가서는 결코 자기 실력을 100퍼센트 발휘할 수 없다.

⑤ **기출문제집을 챙겨가서 헷갈리는 문제를 마지막까지 본다.** 마지막 순간에 본 문제는 기억에 잘 남는다. D-7부터 계속해서 1일 1회독 하며 남겨둔 헷갈리는 문제를 마지막에 다시 살펴본다. 그 문제들까지 살펴보았으면 1회독을 한 번 더 한다고 생각하고 속도감 있게 책을 넘겨본다. 사실 정말 시험 마지막 그 잠깐의 시간 동안 보는 것은 잘 기억에 남지 않을 수도 있다. 하지만 내가 항상 보던 책을 다시 공부하고 있으면 별다른 잡념이 생기지 않고 그 과목에 몰입하기가 쉬워진다.

직장인을 위한 임팩트 공부법

차근차근 시작하자

직장을 다니는 사람들과 이야기를 나누다보면 대부분 자신의 현실에 만족하지 못하고 있다는 느낌을 받는다. 그러나 만족스럽지 않은 상황을 바꾸기 위해 노력하는 사람은 보지 못했다. 다들 시간이 부족하다고 말을 한다. 인정한다. 나도 출퇴근 시간까지 고려하면 최소 10시간에서 바쁠 때는 16시간도 넘게 일하는 날이 많았다. 그렇게 2년이 지나고 나를 돌이켜보았다. 지난 2년 동안 내가 날 위해서 한 일이 무엇인지 떠오르지 않았다. 그때부터 내가 단기 합격을 위해 활용했던 임팩트 공부법을 떠올려 다시 하나씩 해보고 싶은 것을 실천하기 시작했다.

먼저 목표는 하나만 세워야 한다. 그 목표를 향한 노력이 습관이 될 때까지 적어도 3개월은 하나의 목표를 위해 노력해야 한다. 그 목표가 단기로 끝낼 수 있는 목표라면 더욱 좋다. 목표가 독서라면 3개월 동안 모든 시간을 독서에 투입하고, 영어 공부라면 3개월은 영어 공부에만 신경을 집중하자.

새해 3대 목표인 독서, 영어, 운동을 한 번에 다 하려고 하지 말고 3개월씩 나눠서 차근차근 시작하자. 3개월은 최단기간의 설정이고 최대 1년까지 오직 하나의 목표에 집중해도 무방하다. 지나간 한 해를 돌이켜볼 수 있는 연말이 오면 내가 올해는 무엇을 하느라 힘을 쏟았는지 명확하게 말할 수 있도록 하나에만 집중하자.

시간 만들기

직장인의 최대 핑곗거리이자 어쩌면 현실이기도 한 부족한 '시간'을 어떻게 확보할 수 있을까? 많은 자기계발서에서는 일찍 일어나 아침 시간을 활용하라고 한다. 하루 1시간 일찍 일어나서 조용한 때에 남들과 다른 알찬 시간을 보내면 당신에게 성공이 다가온다고 말한다. 나도 일찍 일어나기 위해 많이 노력했다. 1년차 때는 매일 8시 전에 출근했고, 지금도 특별한 일이 없으면 8시 전에 출근하려 한다. 미리 업무를 준비해야 오전을 허둥지둥 보내지 않게 되기 때문이다. 그러나 이게 쉽지 않은 일이다. 나는 아침형 인간에 가깝다고 자신하는데도 그렇다. 그러니 저녁에 힘이 나기 시작하는 사람에게는 그다지 도움이 되는 조언이 아니다.

대신 나는 확실한 30분을 확보하라고 권하고 싶다. 사람에 따라 그것이 아침이든 저녁이든 그 시기는 상관없이 딱 30분만 나를 위한 시간을 보내자고 마음을 먹는 것이다. 나는 글을 쓸 때 자주 이 방법을 활용한다. 처음부터 하루에 10쪽을 쓰자고 생각하면 글을 쓰는 행위 자체를 자꾸 피하게 된다. 그래서 분량에 상관없이 딱 30분만 글을 쓰자고 생각하고 노트북 앞에 앉아서 글을 쓰기 시작한다. 그러면 어느새 30분이 넘어가도 여전히 글을 쓰고 있다.

직장인은 이처럼 현실적인 방법을 찾아 실천해야 한다. 꼭 아침이 아니라도 된다는 뜻이다. 언제든 30분만 시간을 확보해서 우선 공부를 시작하자. 퇴근 후 씻고 TV를 보거나 스마트폰을 보며 눕지 말고 30분만 내가 하고자 한 일을 행동으로 옮기면 된다. 그렇게 30분씩 하는 공부가 습관이 되면 점점 시간은 늘어날 수 있다. 아침이건 저녁이건 상관없다. 딱 30분만 실천해 보자.

그리고 토요일과 일요일 같은 주말과 휴일에는 충분히 시간을 확보할 수 있다. 하지만 이런 날도 시간이 많다고 욕심을 내서 많이 하려 하지 말고 30분만 해보자며 나를 살살 달래면서 시작하자. 그렇게 시작하면 생각보다 많은 일을 할 수 있다. 너무 의욕적으로 많은 것을 하려 하면 오히려 내 몸이 따라주지 않는다. 평일이든 휴일이든 30분 법칙을 활용해서 매일 목표를 이루기 위해 한걸음씩 나아가는 하루를 살자.

약속 지키기

간결하고 명확하게 나 자신과 약속을 하자. 30분씩만 시간을 내어 내가 발전할 수 있도록 공부하자. 그러나 약속만 하고 지키지 않으면 달라지는 게 없다. 한동안 시간을 확보해 공부하다가도 주중에 회식이나 야근해야 할 상황이 되면 곧 나 자신과의 약속을 가장 먼저 저버린다. 하지만 나와의 약속도 다른 사람과 맺는 약속처럼 중요하게 여겨야 한다.

술을 너무 많이 마신다면 주량을 정해도 좋고, 친구들과 약속

* * *

을 너무 많이 잡는다면 특정 기간 동안 만남 횟수를 정해 놓는 것도 좋다. 약속의 형태는 사람에 따라 다양할 수 있지만 나를 위한 시간을 확보하기 위해 그러한 약속을 맺는 것이다. 그리고 일주일 동안 자제력을 잃지 않은 나를 위해 일요일은 보상의 의미에서 하고 싶었던 일을 하게 해주자. 보상이 있어야 계속 그 일을 하고 싶어지기 때문이다. 나에게 인내하기만 강요하지 말고 나를 위한 보상도 아끼지 말자.

자신감 키우기

어느덧 내 직장 생활도 마의 3년을 넘겼다. 빠르다면 빠르고 느리다면 느린 이 시간 속에서 순식간에 1년이 지나가는 느낌을 받았다. 상반기 정기 인사, 하반기 정기 인사 그리고 중간 중간 행사를 치르며 업무를 처리하다 보니 어느덧 훌쩍 시간이 가 있었다. 이렇게 흘러간 시간을 돌이켜보면 시간이 없다는 핑계로 아무것도 하지 않던 내 모습이 안타깝게 느껴진다.

시간은 늘 없었고, 무언가를 제대로 할 수 있는 타이밍은 기다린다고 해서 나에게 거저 오는 것이 아니었다. 우선 원하는 목표가 있다면 그것을 위한 행동을 취해야 한다. 나는 독서에 집중하기 위해 3개월 동안 100권을 읽기로 목표를 잡아 움직이기 시작했다. 처음에는 터무니없어 보였지만 쉬는 시간에 오직이 하나의 목표만을 향해 달려갔더니 결국 7주에 100권의 책을 읽었다. 나조차도 믿기 어려운 결과였다.

이렇게 본인의 임계점을 한번 돌파하고 나면 다른 일을 하는 것도 수월해진다. 나는 할 수 있다는 자신감을 갖고 모든 일에 임할 수 있기 때문이다. 지금 이렇게 책을 펴낸 것도 독서를 통해 얻은 자신감을 바탕으로 이번에는 평생의 꿈이었던 책 쓰기에 도전해보기로 했기 때문에 가능했다. 미루지 않고 지금 써보자는 그 뜻을 굽히지 않았기에 이렇게 여러분에게 공부에 도움이 되는 팁을 말해줄 수 있게 되었다. 나는 자신감을 키우기 위해 일기를 쓰기도 했다. 뭔가 반성을 하기 위한 일기가 아니라 나를 응원해주고 지지해주는 일기를 썼다. 하루를 정리하면서 그 누구보다 먼저 나를 칭찬해주고 힘을 북돋아 주는 시간을 가져보자.

독서와 글쓰기 어느 것 하나 시간적 여유가 있어서 한 일이 아니었다. 정말 바쁘고 힘든 시기였지만 오히려 바쁘고 힘들었기에 일종의 휴식처럼 나를 위한 목표에 매진할 수 있었다. 하면서 포기하고 싶은 순간은 찾아온다. 그러나 딱 30분만 하자는 생각으로 조금씩 해나가다보니 어느새 목표에 가까워졌다.

＊＊＊

〈미생〉에서 김 대리가 말했듯 입사를 한다고 모든 것이 끝나는 것이 아니라 문을 하나 연 것에 불과하다. 앞으로 수없이 많은 문이 나를 기다리고 있을 것이다. 준비된 자세로 즐겁게 새로운 문들을 열길 바라며, 모두 바라는 대로 인생을 살았으면 좋겠다. 나 자신을 위해 시간을 투자하는 것만큼 값진 것은 없다.

행복을 나중으로 미루지 말자

아무것도 시작하지 않으면 아무것도 변하지 않는다. 지금의 내 삶에 변화를 주고 싶다면 나아가고 싶은 방향으로 한걸음이라도 내디뎌야 한다. 시간이 없는 것이 아니라 내가 할 의지가 없는 것이고, 아무리 시간이 있어도 목표를 달성하고자 하는 의지가 없다면 결국 달라지는 것은 없다.

직장인이라면 하루 종일 업무와 사람에 시달리다가 집에 들어와 잠자기도 바쁠 것이다. 그런 사람에게 하루에 몇 시간씩 꼭 공부를 해야만 한다고 말하고 싶지는 않다. 다만 30분이라도 나를 위한 시간을 가져보기를 권하는 것이다. 그 작은 꾸준함이 나에게 큰 선물로 돌아오게 될 것임을 나는 경험을 통해 알고 있기 때문이다. 시간을 쪼개어 공부해야 하는 사람들을 위해 하나하나 자세한 팁을 설명해야 하나 고민했지만, 각자 처한 환경과 상황이 달라 너무 세세한 지침은 오히려 독이 될 수도 있을 것 같다는 결론에 이르렀다. 내가 제시한 방법을 가이드라인 삼아 지금 독자들이 서 있는 그곳에서 아주 작은 성과라도 원하는 방향으로 변화를 만들어낼 수 있었으면 좋겠다.

수험생이라면 아마도 절박한 심정에서 이 책을 집어 들었을 것이다. 나도 수험 기간을 거쳐봤기 때문에 하루하루가 얼마나 견디기 어려운지 누구보다 잘 안다. 가장 중요한 건 마음부터 바꿔야 한다는 사실이다. 억지로 하는 공부는 말 그대로 가시밭길이 될 수밖에 없다. 공부를 좋아하는 일이 불가능하다고 느낀다면 적어도 싫어하지는 않도록 계속 내 마음을 돌려야 한다. 그냥 공부라는 수단에 아무런 감정을 투영하지 말자.

또한 하나의 목표를 세우고, 하루에 한 과목만 온전히 집중해서 공부해나가자. 학원도 인강도 합격을 위한 필수요건이 아니다. 기출문제집을 중심으로 스스로 공부하는 시간에 집중해야한다. 시간이 없다고 느낄수록 기출문제를 중심으로 봐야 한다. 기출문제는 시험에 계속 반복적으로 나오는 일종의 '족보'다. 이 문제를 익힌다면 적어도 과락으로 불합격을 받는 일은 없을 것이다. 기출문제를 완벽히 숙지한다면 60~70점은 확실히 보장

받는다고 보면 된다는 뜻이다.

나는 완성된 하나의 공부법을 제시하려고 이 책을 쓴 게 아니다. 내가 효과를 본 공부법을 나눔으로써 독자들 자신만의 맞춤형 공부법을 완성하도록 도움을 주고 싶었다. 그동안 내가 공부해온 방법을 정리하면서 새록새록 추억에 젖기도 했고, 내 노하우와 경험이 누가 듣고 참고할 만하기는 한가 싶어 자괴감에 빠지기도 했다. 그래도 사막 한가운데 떨어진 것처럼 막막한 시간을 보내고 있을 누군가에게 작은 오아시스가 되길 바라는 마음으로 정성을 다해 글을 써내려왔다. 이 책이 모두에게 만병통치약이 될 수는 없겠지만, 자신에게 맞는 처방전을 내릴 단서라도 얻을 수 있길 바란다.

이 글을 쓰며 많은 사람에게 큰 도움을 받았다. 믿고 기다려준 출판사와 함께 어렵고 힘들 때 늘 힘이 되어준 부모님과 언니, 오빠, 동생, 그리고 나의 소중한 친구들, 이 책을 집필하는 동안 아낌없는 응원을 보내준 상사와 동료들께 진심으로 감사드린다. 부디 독자들이 이 책을 통해 아주 작은 영감이라도 얻길 바란다.

임팩트 공부법

ⓒ 박선영, 2019

초판 1쇄 2019년 1월 9일 찍음
초판 1쇄 2019년 1월 15일 펴냄
지은이 | 박선영
펴낸이 | 이태준
기획·편집 | 박상문, 김소현, 박효주, 김환표
디자인 | 최원영
관리 | 최수향
인쇄·제본 | 제일프린테크

펴낸곳 | 북카라반
출판등록 | 제17-332호 2002년 10월 18일
주소 | (04037) 서울시 마포구 양화로 7길 4(서교동) 삼양E&R빌딩 2층
전화 | 02-325-6364
팩스 | 02-474-1413

www.inmul.co.kr | cntbooks@gmail.com
ISBN 979-11-6005-060-8 13370
값 14,000원

이 도서의 국립중앙도서관 출판시도서목록(CIP)은 서지정보유통지원시스템 홈페이지
(http://seoji.nl.go.kr)와 국가자료공동목록시스템(http://www.nl.go.kr/kolisnet)에서
이용하실 수 있습니다. (CIP제어번호: 2019000142)